国家社会科学基金（教育学）重大项目（VDA200004）阶段性研究成果
北京外国语大学"双一流"建设标志性项目（BW202018）阶段性研究成果

"一带一路"国家文化教育大系   总主编　王定华

伊朗
文化教育研究

ایران

تحقیقی در فرهنگ و آموزش

徐辉　楚琳　著

外语教学与研究出版社
FOREIGN LANGUAGE TEACHING AND RESEARCH PRESS
北京 BEIJING

图书在版编目 (CIP) 数据

伊朗文化教育研究 / 徐辉，楚琳著. —— 北京：外语教学与研究出版社，2022.9
（2023.10 重印）
（"一带一路"国家文化教育大系 / 王定华总主编）
ISBN 978-7-5213-3955-0

Ⅰ. ①伊… Ⅱ. ①徐… ②楚… Ⅲ. ①教育研究－伊朗 Ⅳ. ①G537.3

中国版本图书馆 CIP 数据核字 (2022) 第 167905 号

出 版 人　王　芳
项目负责　孙凤兰　巢小倩
责任编辑　杜晓沫
责任校对　王　菲
装帧设计　李　高
出版发行　外语教学与研究出版社
社　　址　北京市西三环北路 19 号（100089）
网　　址　https://www.fltrp.com
印　　刷　北京盛通印刷股份有限公司
开　　本　787×1092　1/16
印　　张　14.5　彩插 1 印张
版　　次　2022 年 10 月第 1 版 2023 年 10 月第 3 次印刷
书　　号　ISBN 978-7-5213-3955-0
定　　价　108.00 元

如有图书采购需求，图书内容或印刷装订等问题，侵权、盗版书籍等线索，请拨打以下电话或关注官方服务号：
客服电话：400 898 7008
官方服务号：微信搜索并关注公众号"外研社官方服务号"
外研社购书网址：https://fltrp.tmall.com

物料号：339550001

"一带一路"国家文化教育大系编写委员会

顾　　问：顾明远　　马克垚　　胡文仲

总主编：王定华

委　　员（按姓氏音序排列）：

常福良　　戴桂菊　　郭小凌　　金利民　　柯　静　　李洪峰
刘宝存　　刘　捷　　刘生全　　刘欣路　　钱乘旦　　秦惠民
苏莹莹　　陶家俊　　王　芳　　谢维和　　徐　辉　　徐建中
杨慧林　　张民选　　赵　刚

"一带一路"国家文化教育大系编审委员会

主　　任：王　芳

副主任：徐建中　　刘　捷

秘书长：孙凤兰

委　　员（按姓氏音序排列）：

蔡　喆　　柴方圆　　巢小倩　　杜晓沫　　华宝宁　　焦缨添
刘相东　　刘真福　　马庆洲　　彭立帆　　石筠弢　　孙　慧
万作芳　　王名扬　　杨鲁新　　姚希瑞　　苑大勇　　张小玉
赵　雪　　祝　军

伊朗巴姆古城

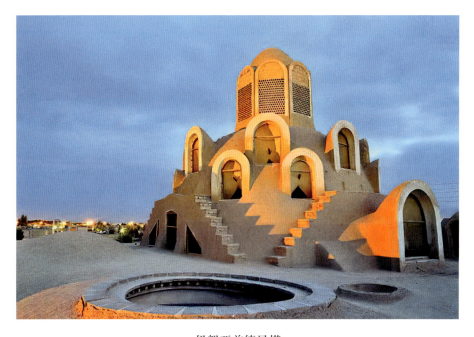

伊朗亚兹德风塔

伊朗沙漠地区

伊朗沿海地区

伊朗自然风光

伊朗德黑兰阿扎迪塔

伊朗著名诗人菲尔多西雕像

伊朗伊斯法罕音乐博物馆

伊朗锡斯坦-俾路支斯坦省的一所小学校园

伊朗扫盲教育行动中的儿童

伊朗"教育根本转变政策"下的教育综合体建筑群

伊朗"博姆计划"下的多样化课程

伊朗南霍拉桑省某特殊教育学校

伊朗德黑兰大学校园

伊朗德黑兰大学图书馆

伊朗德黑兰大学农业与自然资源学院的植物实验室

伊朗谢里夫理工大学校园

伊朗谢里夫理工大学的学生实训

出版说明

2013 年 9 月 7 日，国家主席习近平提出共建"丝绸之路经济带"重大倡议。2013 年 10 月 3 日，习近平主席提出共建"21 世纪海上丝绸之路"重大倡议。两者合称"一带一路"倡议。以 2013 年金秋为起点，"一带一路"倡议作为构建人类命运共同体的伟大设想，在开拓和平、繁荣、开放、绿色、创新、文明之路的非凡征程中，孕育生机和活力，汇聚信心和期待，在世界范围内广受欢迎和响应。

文化交流、文明互鉴是构建人类命运共同体的人文基础。文化发展，教育先行。作为"共和国外交官的摇篮"、文化教育的主动践行者、"一带一路"倡议的踊跃响应者和构建人类命运共同体的积极参与者，北京外国语大学在党委书记王定华教授的带领下，放眼世界，找准坐标，勇于担当，主动作为，深耕文化教育相关领域，研究、策划并组织编写了"一带一路"国家文化教育大系（以下简称大系）。国内相关高校和研究机构的众多专家学者献计献策，踊跃参加，形成了一个范围广泛、交流互动、共同进步的"一带一路"国家文化教育学术研究共同体。大系旨在填补国内相关研究领域的学术空白，实现"一带一路"国家教育研究全覆盖，为中国教育"走出去"和相关国家先进教育理念"请进来"提供科学理论和实践指导，具有重要的学术价值。同时，大系服务国家重大战略，通过分期分批出版，形成规模和品牌，向中国共产党建党一百周年和"一带一路"倡议提出十周年献礼，具有深远的意义。

作为国家社会科学基金（教育学）重大项目"新时代提升中国参与全球教育治理的能力及策略研究"、北京外国语大学"双一流"建设标志性项目"'一带一路'国家文化教育研究"的课题研究成果和北京外国语大学党委的"奋进之举"，大系秉承学术性与可读性兼顾的原则，对"一带一路"国家文化教育理论与实践问题展开深入研究，从国情概览、文化传统、教育历史、学前教育、基础教育、高等教育、职业教育、成人教育、教师教育、教育政策、教育行政、教育交流等方面，全景擘画"一带一路"国家的教育风貌，帮助读者了解"一带一路"国家教育的历史与现状、经验与特点，为我国教育的发展和对外交流合作提供有益的借鉴、思考与启迪。

肆虐全球的新冠肺炎疫情严重影响了各国人民的生产生活，带来了二战以来人类面临的最严重的全球性危机，同时也再次阐述了人类命运共同体深刻内涵的世界性意义。在疫情防控常态化背景下，大系所有专家学者不畏困难，齐心协力，直面挑战，守望相助，化危为机，切实履行了响应和支持"一带一路"倡议的承诺。在此，特别感谢大系总策划、总主编王定华教授，以及所有顾问、编委和作者的心血倾注、智慧贡献和努力付出。

外语教学与研究出版社对大系的编写和出版工作给予了高度重视。自2019年项目启动以来，外研社抽调精锐力量成立大系工作组，多次组织相关部门和人员召开选题论证会，商建编委会，召开全体作者大会，制订周密、科学的出版计划，以保证项目的顺利开展和图书的优质出版。目前，大系的出版工作已取得阶段性成果，预计在2023年"一带一路"倡议提出十周年之前，将分期分批推出数量和规模可观的、具有相当科研价值和学术价值的系列专著。期望大系的编写和出版能为"一带一路"建设、中外教育交流及我国文化教育发展发挥基础性、服务性、广远性的作用。

外语教学与研究出版社
2021 年 4 月

总　序

王定华

　　改革开放以来，中国各项事业取得了巨大成就。中国经济和世界经济高度关联，中国一以贯之地坚持对外开放的基本国策，构建全方位开放新格局，深度融入世界经济体系。2013年9月和10月，习近平主席在出访中亚和东南亚国家期间，先后提出共建"丝绸之路经济带"和"21世纪海上丝绸之路"的重大倡议（以下简称"一带一路"倡议），得到国际社会的高度关注。其中，"丝绸之路经济带"东边牵着亚太经济圈，西边系着发达的欧洲经济圈，是世界上最长、最具发展潜力的经济大走廊；"21世纪海上丝绸之路"串起连通东盟、南亚、西亚、北非、欧洲等各大经济板块的市场链，发展面向南海、太平洋和印度洋的战略合作经济带，以亚欧非经济贸易一体化为发展的长期目标。

一、精准把握"一带一路"倡议的时代意蕴

　　"经济带"概念是对地区经济合作模式的创新。其中经济走廊涵盖中蒙

俄经济走廊、新亚欧大陆桥、中国–中亚–西亚经济走廊、孟中印缅经济走廊、中国–中南半岛经济走廊等，以经济增长极辐射周边，超越了传统发展经济学理论。"丝绸之路经济带"概念不同于历史上所出现的各类"经济区"与"经济联盟"，同后两者相比，经济带具有灵活性高、适用性广以及可操作性强的特点，各国都是平等的参与者，本着自愿参与、协同推进的原则，发扬古丝绸之路兼容并包的精神。

"一带一路"倡议是我国在新时代推进全方位对外开放的重要举措，为当今世界提供了一个充满东方智慧、实现共同发展的中国方案，也是对历史文化传统的高度尊重，凝聚了世界各国利益的最大公约数。丝绸之路是起始于古代中国，连接亚洲、非洲和欧洲的古代陆上商业贸易路线，最初的作用是运输古代中国出产的丝绸、瓷器等商品，后来成为东方与西方之间在经济、政治、文化等方面进行交流的主要通道。1877 年，德国地质、地理学家李希霍芬（F. P. W. Richthofen）在其著作《中国》一书中，把公元前 114 年至公元 127 年，中国与中亚、中国与印度间以丝绸贸易为媒介的这条西域交通道路命名为"丝绸之路"，这一名词很快为学术界和大众所接受，并正式运用。其后，德国历史学家赫尔曼（A. Herrmann）在 20 世纪初出版的《中国与叙利亚之间的古代丝绸之路》一书中，根据新发现的文物考古资料，进一步把丝绸之路延伸到地中海西岸和小亚细亚，并确定了丝绸之路的基本内涵，即它是中国古代与中亚、南亚、西亚以及欧洲、北非的陆上贸易交往通道。进入 21 世纪，海上丝绸之路也被纳入丝绸之路的涵盖范围，即从中国沿海港口过南海到印度洋并延伸至欧洲，从中国沿海港口过南海到南太平洋。随着时代的发展，"丝绸之路"成为古代中国与西方所有政治经济文化往来通道的统称。

推进"一带一路"建设既是中国扩大和深化对外开放的需要，也是加强和世界各国互利合作的需要，中国愿意承担更多责任和义务，为人类和平发展做出更大的贡献。文明交流互鉴是构建人类命运共同体的重要途径，是推动人类文明共同进步、实现世界和平发展的重要动力。共建"一带一路"要顺应世界多极化、经济全球化、文化多样化、社会信息化的潮流，秉持开放的区域合作精神，致力于推动"一带一路"各国实现经济政策协调，开展更大范围、更高水平、更深层次的区域合作，共同打造开放、包容、均衡、普惠的区域经济合作架构，维护全球自由贸易体系和开放型世界经济格局。

"一带一路"贯穿亚欧非大陆，一头是活跃的东亚经济圈，一头是发达的欧洲经济圈，中间广大腹地国家经济发展潜力巨大。根据"一带一路"走向，陆上依托国际大通道，以中心城市为支撑，以重点经贸产业园区为合作平台，共同打造新亚欧大陆桥以及中蒙俄、中国-中亚-西亚、中国-中南半岛等国际经济合作走廊；海上以重点港口为基点，共同建设通畅安全高效的运输大通道。

"一带一路"建设是有关国家开放合作的宏大经济愿景，需要各国携手努力，朝着互利互惠、共同安全的目标相向而行：努力实现区域基础设施更加完善，安全高效的陆海空通道网络基本形成，互联互通达到新水平；投资贸易便利化水平进一步提升，高标准自由贸易区网络基本形成，经济联系更加紧密，政治互信更加深入；人文交流更加广泛深入，不同文明互鉴共荣，各国人民相知相交、和平友好。

"一带一路"倡议是具有开放性和包容性的友好建议。当今世界是一个开放的世界，开放带来进步，封闭导致落后。中国认为，只有开放才能发现机遇、抓住并用好机遇、主动创造机遇，才能实现国家的奋斗目标。"一带一路"倡议就是要把世界的机遇转变为中国的机遇，把中国的机遇转变为世界的机遇。正是基于这种认知与愿景，"一带一路"倡议以开放为导向，冀望通过加强交通、能源和网络等基础设施的互联互通建设，促进经济要素有序自由流动、资源高效配置和市场深度融合，开展更大范围、更高水平、更深层次的区域合作，打造开放、包容、均衡、普惠的区域经济合作架构，以此来解决经济增长和平衡问题。"一带一路"倡议的开放包容性是区别于其他区域性经济倡议的一个突出特点。

"一带一路"倡议是超越地缘政治的务实合作的广阔平台。"和平合作、开放包容、互学互鉴、互利共赢"的丝路精神是人类共有的历史财富，"一带一路"倡议就是秉承这一精神与原则提出的新时代重要倡议，通过加强相关国家间的全方位多层面交流合作，充分发掘与发挥各国的发展潜力与比较优势，形成互利共赢的区域利益共同体、命运共同体和责任共同体。在这一机制中，各国是平等的参与者、贡献者、受益者。因此，"一带一路"倡议从一开始就具有平等性、和平性特征。平等是中国坚持的重要国际准则，也是"一带一路"建设的关键基础。只有建立在平等基础上的合作才能是持久的合作，也才会是互利的合作。"一带一路"倡议平等包容的合作特征为其推进减轻了阻力，提升了共建效率，有助于国际合作真正"落地生根"。同时，"一带一路"建设离不开和平安宁的国际环境和地区环境，和平是"一带一路"建设的本质属性，也是保障其顺利推进所不可或缺的重要因素。这些就决定了"一带一路"倡议不应该也不可能沦为大国政治较量的工具，更不会重复地缘博弈的老路。

"一带一路"倡议是政府、企业、团体共同发力的项目载体。"一带一路"建设是在双边或多边联动基础上通过具体项目加以推进的，是在进行充分政策沟通、战略对接以及市场运作后形成的发展倡议与规划。2017年5月发布的《"一带一路"国际合作高峰论坛圆桌峰会联合公报》强调了建设"一带一路"的合作原则，其中就包括市场运作原则，即充分认识市场作用和企业主体地位，确保政府发挥适当作用，政府采购程序应开放、透明、非歧视。可见，"一带一路"建设的核心主体与支撑力量并不是政府，而是企业，根本方法是遵循市场规律，并通过市场化运作模式来实现参与各方的利益诉求，政府在其中发挥构建平台、创立机制、政策引导等指向性、服务性功能。

"一带一路"倡议是与现有相关机制对接互补的有益渠道。参与"一带一路"建设的国家要素禀赋各异，比较优势差异明显，互补性很强。有的国家能源资源富集但开发力度不够，有的国家劳动力充裕但就业岗位不足，有的国家市场空间广阔但产业基础薄弱，有的国家基础设施建设需求旺盛但资金紧缺。我国目前经济总量居全球第二，外汇储备居全球第一，优势产业越来越多，基础设施建设经验丰富，装备制造能力强、质量好、性价比高，具备资金、技术、人才、管理等综合优势。这就为我国与其他"一带一路"建设参与方实现产业对接与优势互补提供了现实可能与重大机遇。因而，"一带一路"倡议的核心内容就是要加强基础设施建设和促进互联互通，对接各国政策和发展战略，以便深化务实合作，促进协调联动发展，实现共同繁荣。由此可见，"一带一路"倡议不是对现有地区合作机制的替代，而是与现有机制互为助力、相互补充。实际上，"一带一路"建设已经与俄罗斯主导的欧亚经济联盟、印尼全球海洋支点发展规划、哈萨克斯坦光明之路经济发展战略、蒙古国草原之路倡议、欧盟欧洲投资计划、埃及苏伊士运河走廊开发计划等实现了对接与合作，并形成了一批标志性项目，如中哈（连云港）物流合作基地。作为新亚欧大陆桥经济走廊建设成果之一，中哈（连云港）物流合作基地初步实现了深水大港、远洋干线、中欧班列、物流场站的无缝对接。该项目与哈萨克斯坦光明之路经济发展战略高度契合。

"一带一路"倡议是促进人文交流的沟通桥梁。"一带一路"倡议跨越不同区域、不同文化、不同宗教信仰，但它带来的不是文明冲突，而是各文明间的交流互鉴。"一带一路"倡议在推进基础设施建设、加强产能合作与发展战略对接的同时，也将"民心相通"作为工作重心之一。民心相通是"一带一路"建设的社会根基。民心相通就是要传承和弘扬丝绸之路友好合作精神，广泛进行文化交流、学术交流、人才交流往来、媒体合作、青年和妇女交往、志愿者服务等，为深化双边和多边合作奠定坚实的民意基础。一是扩大相互间留学生规模，开展合作办学；国家间互办文化年、艺术节、电影节、电视周和图书展等活动，深化国家间人才交流合作。二是加强旅游合作，扩大旅游规模，联合打造具有丝绸之路特色的国际精品旅游线路和旅游产品。三是强化与周边国家在传染病疫情信息沟通、防治技术交流、专业人才培养等方面的合作，提高合作处理突发公共卫生事件的能力。四是加强科技合作，共建联合实验室（研究中心）、国际技术转移中心、海上合作中心，促进科技人员交流，合作开展重大科技攻关，共同提升科技创新能力。五是整合现有资源，开拓和推进参与国家在青年就业、创业培训、职业技能开发、社会保障管理服务、公共行政管理等共同关心领域的务实合作。六是充分发挥政党、议会交往的桥梁作用，加强国家之间立法机构、主要党派和政治组织的友好往来，互结友好城市。七是加强各国民间组织的交流合作，重点面向基层民众，广泛开展教育、医疗、减贫开发、生物多样性和生态环保等主题的各类公益慈善活动，改善贫困地区生产生活条件；加强文化传媒领域的国际交流合作，积极利用网络平台，运用新媒体工具，塑造和谐友好的文化生态和舆论环境；通过强化民心相通，弘扬丝绸之路精神，开展智力丝绸之路、健康丝绸之路等建设，在科学、教育、文化、卫生、民间交往等领域广泛合作，使"一带一路"建设的民意基础更为坚实，社会根基更加牢固。"一带一路"建设就是要以文明交流超越文明隔阂，以文明互鉴超越文明冲突，以文明共存超越文明优越，为相关国家人民加强交流、增进理解搭起新的桥梁，为不同文化和文明加强对话、交流互鉴织就新的纽带，推动各国相互理解、相互尊重、相互信任。

"一带一路"是促进共同发展、实现共同繁荣的友谊之路。共建"一带一路"旨在促进各国发展战略的对接和耦合，有利于发掘区域市场的潜力，推动经济要素有序自由流动、资源高效配置和市场深度融合，促进投资和消费，创造需求和就业，增进各国人民的人文交流与文明互鉴，从而让各国人民相逢相知、互信互敬，共享和谐、安宁、富裕的生活。共建"一带一路"符合国际社会的根本利益，彰显了人类社会的共同理想和美好追求，是国际合作及全球治理新模式的积极探索，将为世界和平发展增添新的正能量。中国政府倡议秉持和平合作、开放包容、互学互鉴、互利共赢的理念，全方位推进务实合作，打造政治互信、经济融合、文化包容的利益共同体、命运共同体和责任共同体。

"一带一路"倡议已经得到世界上众多国家和地区的积极响应，成为维护全球自由贸易体系和开放型世界经济的重要支撑。截至 2021 年 1 月 30日，中国已经同 171 个国家和国际组织签署 205 份共建"一带一路"合作文件。[1] 特别是 2017 年 5 月第一届"一带一路"国际合作高峰论坛、2019 年4 月第二届"一带一路"国际合作高峰论坛和 2019 年 5 月亚洲文明对话大会的成功举办，充分彰显了我国开放、包容的大国外交风范。在此背景下，我们一方面应致力于向世界介绍中国，推动中国文化"走出去"，讲好中国故事；另一方面也应加强对"一带一路"国家的历史、文化、语言、教育、艺术等方面的介绍和研究，让中国人民更多地了解"一带一路"国家的具体国情，特别是文化传统和教育体系。

"一带一路"倡议合作范围不断扩大，合作领域愈加广阔。它不仅给参与各方带来了实实在在的合作红利，也为世界贡献了应对挑战、创造机遇、强化信心的智慧与力量。

当今世界，新冠肺炎疫情带来诸多挑战，局部战争风险依然存在，经济增长动能不足，"逆全球化"思潮涌动，地区动荡持续，恐怖主义蔓延。和平赤字、发展赤字、治理赤字带来的严峻问题，已摆在全人类面前。这充分说明现有的全球治理体系面临结构性问题，亟须找到新的破解之策与应对方略。作为一个新兴大国，中国有能力、有意愿同时也有责任为完善全球治理体系贡献智慧与力量。面对新挑战、新问题、新情况，中国给出

---

[1] 中国一带一路网. 我国已签署共建"一带一路"合作文件 205 份 [EB/OL].（2021-01-30）[2021-02-23].
https://www.yidaiyilu.gov.cn/xwzx/gnxw/163241.htm.

的全球治理方案是：构建人类命运共同体，实现共赢共享。"一带一路"倡议正是朝着这个目标努力的具体实践。"一带一路"倡议强调各国的平等参与、包容普惠，主张携手应对世界经济面临的挑战，开创发展新机遇，谋求发展新动力，拓展发展新空间，共同朝着人类命运共同体方向迈进。正是本着这样的原则与理念，"一带一路"倡议针对各国发展的现实问题和治理体系的短板，创立了亚洲基础设施投资银行、丝路基金等新型国际机制，构建了多形式、多渠道的交流合作平台。这既能缓解当今全球治理机制代表性、有效性、及时性难以适应现实需求的困境，在一定程度上扭转公共产品供应不足的局面，提振国际社会参与全球治理的士气与信心，又能满足发展中国家尤其是新兴市场国家变革全球治理机制的现实要求，大大增强了新兴国家和发展中国家的话语权，是推进全球治理体系朝着更加公正合理方向发展的重大突破。

"一带一路"倡议涵盖了发展中国家与发达国家，实现了"南南合作"与"南北合作"的统一，有助于推动全球均衡可持续发展。"一带一路"建设以基础设施建设为着眼点，促进经济要素有序自由流动，推动中国与相关国家的宏观政策的对接与协调。对于参与"一带一路"建设的发展中国家来说，这是一次搭中国经济发展"快车""便车"，实现自身工业化、现代化的历史性机遇，有利于推动"南南合作"的广泛展开，同时也有助于增进"南北对话"，促进"南北合作"的深度发展。不仅如此，"一带一路"倡议的理念和方向同联合国《2030年可持续发展议程》也高度契合，完全能够加强对接，实现相互促进。联合国秘书长古特雷斯表示，"一带一路"倡议与《2030年可持续发展议程》都以可持续发展为目标，都试图提供机会、全球公共产品和双赢合作，都致力于深化国家和区域间的联系。

二、深入推动"一带一路"国家的教育交流

2020 年 6 月印发的《教育部等八部门关于加快和扩大新时代教育对外开放的意见》指出，教育对外开放是教育现代化的鲜明特征和重要推动力，要以习近平新时代中国特色社会主义思想为指导，坚持教育对外开放不动摇，主动加强同世界各国的互鉴、互容、互通，形成更全方位、更宽领域、更多层次、更加主动的教育对外开放局面。

教育为国家富强、民族繁荣、人民幸福之本，在共建"一带一路"中具有基础性和先导性作用。教育交流为各国民心相通架设桥梁，人才培养为各国政策沟通、设施联通、贸易畅通、资金融通提供支撑。各国间教育交流源远流长，教育合作前景广阔，大家携手发展教育，合力共建"一带一路"，是造福各国人民的伟大事业。推进"一带一路"国家教育共同繁荣，既是加强与各国教育互利合作的需要，也是推进中国教育改革发展的需要，中国愿意在力所能及的范围内承担更多责任和义务，为区域教育大发展做出更大的贡献。

（一）教育合作的原则

"一带一路"国家教育合作应遵循四个重要原则。

一是育人为本，人文先行。加强合作育人，提高区域人口素质，为共建"一带一路"提供人才支撑。坚持人文交流先行，建立区域人文交流机制，搭建民心相通桥梁。

二是政府引导，民间主体。政府加强沟通协调，整合多种资源，引导教育融合发展。发挥学校、企业及其他社会力量的主体作用，活跃教育合作局面，丰富教育交流内涵。

三是共商共建，开放合作。坚持共商、共建、共享，推进各国教育发

展规划相互衔接，实现各国教育融通发展、互动发展。

四是和谐包容，互利共赢。加强不同文明之间的对话，寻求教育发展最佳契合点和教育合作最大公约数，促进各国在教育领域互利互惠。

（二）教育合作的重点

"一带一路"各国教育特色鲜明、资源丰富、互补性强、合作空间巨大。中国将以基础性、支撑性、引领性三方面举措为建议框架，开展三方面重点合作，对接各国意愿，互鉴先进教育经验，共享优质教育资源，全面推动各国教育提速发展。

1. 开展教育互联互通合作

一是加强教育政策沟通。开展"一带一路"国家教育法律、政策协同研究，构建各国教育政策信息交流通报机制，为各国政府推进教育政策互通提供决策建议，为各国学校和社会力量开展教育合作交流提供政策咨询。积极签署双边、多边和次区域教育合作框架协议，制定各国教育合作交流国际公约，逐步疏通教育合作交流政策性瓶颈，实现学分互认、学位互授联授，协力推进教育共同体建设。

二是助力教育合作渠道畅通。推进"一带一路"国家间签证便利化，扩大教育领域合作交流，形成往来频繁、合作众多、交流活跃、关系密切的携手发展局面。鼓励有合作基础、相同研究课题和发展目标的学校缔结姊妹关系，逐步深化和拓展教育合作交流。举办校长论坛，推进学校间开展多层次、多领域的务实合作。支持高等学校依托优势学科和专业，建立"产学研用"相结合的国际合作联合实验室（研究中心）、国际技术转移中心，共同应对各国在经济发展、资源利用、生态保护等方面面临的重大挑战与机遇。打造"一带一路"国家学术交流平台，吸引各国专家学者、青年学生开展研究和学术交流。推进"一带一路"国家优质教育资源共享。

三是促进语言互通。研究构建语言互通协调机制，共同开发语言互通开放课程，逐步将国家语言课程纳入各国的学校教育课程体系。拓展政府间语言学习交换项目，联合培养、相互培养高层次语言人才。发挥外国语院校人才培养优势，推进基础教育多语种师资队伍建设和外语教育教学工作。扩大语言学习国家公派留学人员规模，倡导各国与中国院校合作在华开办本国语言专业。支持更多社会力量助力孔子学院和孔子课堂建设，加强汉语教师和汉语教学志愿者队伍建设，全力满足不同国家的汉语学习需求。

四是推进民心相通。鼓励学者开展或合作开展中国课题研究，增进各国对中国发展模式、国家政策、教育文化等各方面的理解。建设国别和区域研究基地，与对象国合作开展经济、政治、教育、文化等领域研究。逐步将理解教育课程、丝路文化遗产保护纳入各国中小学教育课程体系，加强青少年对不同国家文化的理解。加强"丝绸之路"青少年交流，注重通过志愿服务、文化体验、体育竞赛、创新创业活动和新媒体社交等途径，增进不同国家青少年对其他国家文化的理解。

五是推动学历学位认证标准联通。推动落实联合国教科文组织《亚太地区承认高等教育资历公约》，支持联合国教科文组织建立世界范围学历互认机制，实现区域内双边、多边学历学位关联互认。呼吁各国完善教育质量保障体系和认证机制，加快推进本国教育资历框架开发，助力各国学习者在不同种类和不同阶段教育之间进行转换，促进终身学习社会的建设。共商、共建区域性职业教育资历框架，逐步实现就业市场的从业标准一体化。探索建立各国教师专业发展标准，促进教师流动。

2．开展人才培养培训合作

一是实施"丝绸之路"留学推进计划。设立"丝绸之路"中国政府奖学金，为各国专项培养行业领军人才和优秀技能人才。全面提升来华留学人才培养质量，把中国打造成为深受各国学子欢迎的留学目的地。以国家公派留学为引领，推动更多中国学生到"一带一路"其他国家留学。坚持"出国留学和来华留学并重、公费留学和自费留学并重、扩大规模和提高质量并重、依法管理和完善服务并重、人才培养和发挥作用并重"，完善全链条的留学人员管理服务体系，保障平安留学、健康留学、成功留学。

二是实施"丝绸之路"合作办学推进计划。有条件的中国高等学校开展境外办学要集中优势学科，选好合作契合点，做好前期论证工作，构建科学的人才培养模式、运行管理模式、服务当地模式、公共关系模式，使学校顺利落地生根、开花结果。发挥政府引领、行业主导作用，促进高等学校、职业院校与行业企业深度产教融合。鼓励中国优质职业教育配合高铁、电信运营等行业企业"走出去"，探索开展多种形式的境外合作办学，合作设立职业院校、培训中心，合作开发教学资源和项目，开展多层次职业教育和培训，培养当地急需的各类"一带一路"建设者。整合资源，积极推进与各国在青年就业培训等共同关心领域的务实合作。倡议国家之间开展高水平合作办学。

三是实施"丝绸之路"师资培训推进计划。开展"丝绸之路"教师培训，加强先进教育经验交流，提升区域教育质量。加强"丝绸之路"教师交流，推动各国校长交流访问、教师及管理人员交流研修，推进优质教育模式在各国的互学互鉴。大力推进各国优质教学仪器设备、教材课件和整体教学解决方案的输出，跟进教师培训工作，促进各国教育资源和教学水平均衡发展。

四是实施"丝绸之路"人才联合培养推进计划。推进国家间的研修访学活动。鼓励各国高等院校在语言、交通运输、建筑、医学、能源、环境工程、水利工程、生物科学、海洋科学、生态保护、文化遗产保护等国家发展急需的专业领域联合培养学生，推动联盟内或校际教育资源共享。

3. 共建丝路合作机制

一是加强"丝绸之路"人文交流高层磋商。开展国家间的双边、多边人文交流高层磋商，商定"一带一路"教育合作交流总体布局，协调推动各国建立教育双边和多边合作机制、教育质量保障协作机制和跨境教育市场监管协作机制，统筹推进"一带一路"教育共同行动。

二是充分发挥国际合作平台作用。发挥上海合作组织、东亚峰会、亚太经合组织、亚欧会议、亚洲相互协作与信任措施会议、中阿合作论坛、东南亚教育部长组织、中非合作论坛、中巴经济走廊、孟中印缅经济走廊、中蒙俄经济走廊等现有双边、多边合作机制的作用，增加教育合作的新内涵。借助联合国教科文组织等国际组织力量，推动各国围绕实现世界教育发展目标形成协作机制。充分利用中国–东盟教育交流周、中日韩大学交流合作促进委员会、中阿大学校长论坛、中非高校20+20合作计划、中日大学校长论坛、中韩大学校长论坛、中俄综合性大学联盟等已有平台，开展务实的教育合作交流。支持在共同区域、有合作基础、具备相同专业背景的学校组建联盟，不断延展教育务实合作平台。

三是实施"丝绸之路"教育援助计划。发挥教育援助在"一带一路"教育共同行动中的重要作用，逐步加大教育援助力度，重点投资于人、援助于人、惠及于人。发挥教育援助在"南南合作"中的重要作用，加大对相关国家尤其是最不发达国家的支持力度。统筹利用国家、教育系统和民间资源，为相关国家培养培训教师、学者和各类技能人才。积极开展优质教学仪器设备、整体教学方案、配套师资培训一体化援助。加强中国教育培训中心和教育援外基地建设。倡议各国建立政府引导、社会参与的多元化经费筹措机制，通过国家资助、社会融资、民间捐赠等渠道，拓宽教育经费来源，做大教育援助格局，实现教育共同发展。

三、精心组织"一带一路"国家文化教育大系的编著出版

在编写"一带一路"国家文化教育大系过程中，应当全面了解国内外对"一带一路"倡议的响应情况，关注进展，总结做法；应当在新冠肺炎疫情得到控制后到对象国去走一走，看一看，实地感受其教育情况和发展变化；应当广泛收集对象国一手资料，认真阅读，消化分析，吐故纳新；应当多方检索专家学者已经开展的相关研究，虚心参阅已有的研究成果。肆虐全球的新冠肺炎疫情，给人类身体健康和生命安全带来了巨大威胁，对世界格局和世界治理体系产生了重大影响，给全球各行各业带来了巨大挑战。教育置身其间，影响十分明显。因而，对"一带一路"国家文化教育进行研究时，必须观察分析疫情对相关国家文化教育和全球教育治理的深刻影响。

"一带一路"倡议提出后，中外已形成多个"一带一路"多边大学联盟。2015 年 5 月 22 日，由西安交通大学发起的新丝绸之路大学联盟成立，迄今已吸引 38 个国家和地区的 150 余所大学加盟。该联盟是海内外大学结成的非政府、非营利性的开放性、国际化高等教育合作平台，以"共建教育合作平台，推进区域开放发展"为主题，推动"新丝绸之路经济带"国家和地区大学之间在校际交流、人才培养、科研合作、文化沟通、政策研究、医疗服务等方面的交流与合作，增进青少年之间的了解和友谊，培养具有国际视野的高素质、复合型人才，服务"新丝绸之路经济带"及欧亚地区的发展建设。

2015 年 10 月 17 日，丝绸之路（敦煌）国际文化博览会筹委会文化传承创新高端学术研讨会在敦煌举行。中国的复旦大学、北京师范大学、兰州大

学和俄罗斯乌拉尔国立经济大学、韩国釜庆大学等 46 所中外高校在甘肃敦煌成立了"一带一路"高校战略联盟,以探索跨国培养与跨境流动的人才培养新机制,培养具有国际视野的高素质人才。46 所高校当日达成《敦煌共识》,联合建设"一带一路"高校国际联盟智库。联盟将共同打造"一带一路"高等教育共同体,推动"一带一路"国家和地区大学之间在教育、科技、文化等领域的全面交流与合作,服务"一带一路"国家和地区的经济社会发展。

2016 年 9 月,中国、中亚及丝绸之路经济带沿线 7 个国家的 51 所高校共同发起成立了中国–中亚国家大学联盟,旨在打造开放性、国际化互动平台,深化"一带一路"科教合作。

此外,高等教育合作研讨会也日渐增多,既有官方推动形成的研讨会,也有民间自发举办的研讨会。比如,中外大学校长论坛、新加坡–中国–印度高等教育论坛、"一带一路"教育对话论坛,以及北京师范大学举办的"一带一路"国家教育交流与合作高端研讨会,北京外国语大学举办的"一带一路"与行业国际化人才培养高峰论坛,北京理工大学主办的"一带一路"高等教育研究国际会议,浙江大学举办的"一带一路"背景下的工程科技人才培养国际研讨会等。这些多边研讨会的召开,不仅吸引了大量"一带一路"沿线国家的教育研究者与实践者参会,推动了研究与实践合作,而且创新了教育合作模式,促进了国际化高端人才培养,为"一带一路"建设奠定了民意基础。

"一带一路"倡议提出之后,中国学术界迅速开展了关于"一带一路"的研究活动,有关"一带一路"主题的图书主要有以下五类。第一类是倡议解读类图书,一般是梳理"一带一路"倡议的提出、发展及其理论内涵与外延。第二类是经济贸易类图书,专业性较强,主要为理论研究型图书。第三类是国情文史类图书,多为介绍"一带一路"国家国情概览、历史情况、发展概况的工具书,语言平实,部分图书学术性较强。第四类是丝路历史类图书,一般回顾古代丝绸之路的形成与发展、丝绸之路上的人物和大事记等，追古溯源，以便更好地开启"一带一路"新篇章。第五类是法律税收类图书，多为法律指引、税务规范手册等。

可以看出，国内对"一带一路"国家的研究已有一定基础，但是囿于语言翻译的障碍，已经出版的"一带一路"图书，大多是政策解读、数据报告、概况介绍等，对对象国的研究广度和深度还很不够，尤其是针对"一带一路"国家文化教育的系统研究还比较少。

在"一带一路"国家中，遴选具有代表性的对象，对其文化、教育进行系统性的研究，并在此基础上编写"一带一路"国家文化教育大系，分期分批出版，对于帮助中国普通读者和研究人员了解"一带一路"国家的文化教育情况，以及对于拓展我国比较教育研究领域、丰富比较教育研究文献，乃至对于促进中外文明互通、更好地参与推进"一带一路"建设，都具有重要意义。基于对选题背景与意义、相关出版产品调研和北京外国语大学比较优势的分析，"一带一路"国家文化教育大系坚持学术性、可读性兼顾原则，分批次推出，不断积累，以形成规模和品牌。

大系在内容上，一方面呈现"一带一路"国家的文化概貌，展示"一带一路"国家教育发展的文化背景和社会依托。大系采用专题形式，力求用简洁平实的语言生动活泼地介绍"一带一路"国家的自然地理、人文景观、历史发展、风土人情、文化遗产等内容，重点呈现对象国独有的文化现象和独特风貌，集中揭示其民族文化内涵、民族精神、人文意蕴。另一方面，大系重点研究、评价、介绍"一带一路"国家教育的基本情况、发展历史、发展战略、政策法规、现存体系、治理模式与师资队伍等，这方面内容占较大篇幅，是全书的重点和主要内容。

"一带一路"倡议正在成为我国参与全球开放合作、改善全球治理体系、促进全球共同发展繁荣、推动构建人类命运共同体的中国方案。作为国家社会科学基金（教育学）重大项目"新时代提升中国参与全球教育治理的能力及策略研究"的部分研究成果和北京外国语大学"双一流"建设重大标志性成果，"一带一路"国家文化教育大系计划在 2021 年中国共产党建党 100 周年和北京外国语大学建校 80 周年之际，推出首批图书。2023 年"一带一路"倡议提出 10 周年时，推出该项目二期成果。同时积极参与党和国家相关主题纪念活动，以及国家重大图书项目的申报评选工作。

北京外国语大学以外语见长，国际交往活跃，被誉为"共和国外交官的摇篮"，先后培养了 400 多位大使、2 000 多位参赞，以及更多的外交外事外贸工作者。凡是有五星红旗飘扬的地方，都能看到北外人的身影。北外不仅承担着培养各类国际化人才的任务，更担负着向中国介绍世界、向世界介绍中国的历史使命。迄今为止，北外已获批开设 101 种外国语言，成立了 37 个区域与国别研究中心，丰富的涉外资源正在助力"一带一路"国家的研究。

大系由外研社具体组织实施。外研社隶属北外，多年来致力于"一带一路"国家的合作交流，服务讲好"中国故事"，在中华思想文化传播、打造中外出版联盟、推动中外学术互译等方面积累了丰富经验，对于协助研究、编著、出版"一带一路"国家文化教育大系具有良好的工作基础。这也是北外及外研社的使命和担当之所在。

大系编著者以北外教师为主。服务国家重大战略，北外人责无旁贷。同时，国内有研究专长和研究意愿的专家学者也踊跃参与，他们或独自撰著一书，或与北外同仁合作。大系还邀请了驻外使领馆的同志和对象国的学者参加撰写或审稿，他们运用一手资料，开展实地调研，力图提升大系的准确性。

四、结语

"一带一路"倡议植根历史，更面向未来；源于中国，更属于世界。"一带一路"作为文明互鉴的桥梁，从亚欧大陆延伸到非洲、美洲、大洋洲，与世界各国发展战略及众多国际和地区组织的发展实现对接联通，在通路、通航的基础上更好地通商，进而开展文化教育交流与沟通，加强商品、资金、技术、文化、教育流通，达成互学互鉴的文明愿景。"一带一路"倡议的目标是中国与"一带一路"国家在互联互通基础上分享优质产能，共商项目投资，共建基础设施，共享合作成果，内容包括政策沟通、设施联通、贸易畅通、资金融通、民心相通"五通"。"一带一路"倡议肩负重大使命，它要探寻经济增长之道，将中国自身的产能优势、技术与资金优势、经验与模式优势转化为市场与合作优势，实行全方位开放，共享中国改革发展红利；它要实现全球化再平衡，鼓励向西开放，带动西部开发以及中亚、蒙古等内陆国家和地区的开发，在国际社会推行全球化的包容性发展理念，主动向西推广中国优质产能和比较优势产业，惠及沿途、沿岸国家，避免西方国家所开创的全球化造成的贫富差距和地区发展不平衡情况，推动建立持久和平、普遍安全、共同繁荣的和谐世界；它要开创地区新型合作，强调共商、共建、共享原则，超越了马歇尔计划和传统的对外援助活动，给 21 世纪的国际合作带来了新的理念。所以，新时代中国的教育学者应当将"一带一路"国家文化教育研究作为比较教育新的增长点，全面深入开展研究，以自己的聪明才智丰富学术，为国出力，服务国家重大发展战略；在加强与"一带一路"国家的交流合作中，推动"一带一路"建设高质量发展，努力建设高质量的中国教育体系，并积极参与全球教育治理体系改革，加快构建以国内大循环为主体、国际国内双循环相互促进的新发展格局。

2021 年春
于北京外国语大学

（王定华，北京外国语大学党委书记、博士、教授、博士生导师，国家督学。历任河南大学教师、中国驻纽约总领事馆教育领事、教育部基础教育一司司长、教育部教师工作司司长等。）

本书前言

伊朗，史称波斯，一个既熟悉而又陌生的名字，兴起于伊朗高原的西南部，历史上众多民族在此繁衍生息，众多文明在此交融相会。勤劳、勇敢的伊朗人创造了辉煌灿烂的波斯文明，在医学、天文学、数学、哲学、历史学、文学和艺术方面都取得了巨大的成就。对伊朗开展文化教育领域的研究，具有重要的理论价值和现实意义。

本书试图以广阔的历史文化为背景，采用纵向历史发展与横向专题研究相结合、理论与实践相统一、历史与逻辑相一致的思路及方法，系统地论述伊朗文化与教育的诸方面问题。具体内容设计如下：首先介绍伊朗的基本国情，包括自然地理、国家制度和社会生活；接着论述伊朗的文化传统，包括伊朗文化及文化名人；然后分专题研究伊朗的教育历史、学前教育、基础教育、高等教育、职业教育、成人教育、教师教育、教育行政与教育政策以及中伊文化教育交流；最后总结教育在伊朗当前建设中的作用。

本书主要采用了四种研究方法。第一，历史法。历史法的根据是，任何事物的发生发展都是时间的函数，只要把时间理清楚，就会摸索到研究对象的轨迹和自在规律。笔者力图通过历史发展的顺序和历史事实来说明伊朗文化教育的流变，这种方法的优点是避免了解释历史时可能会出现的随意性和主观性，可以帮助读者更清晰地了解伊朗文化教育发展的脉络。第二，文献法。人类活动与认识的无限性和个体生命与认识的有限性的矛盾，决定了人们在研究逝去的事实时必须借助于文献。作为伊朗文化教育的研究者，笔者掌握了伊朗波斯文的一手教育文献资料，也收集了大量英文的伊朗文化教育文献素材，这为本书还原和解析真实的伊朗文化教育奠定了基础。第三，定性分析与定量分析相结合。在研究中，本书首先会判断伊朗教育中某一事件、某一片段、某一措施、某一行为的性质，对它进行定性描述、归类、抽象，进而阐明它的基本含义及倾向，然后分析它的发展、它与其他事物的联系，并运用数据和图表来说明，以达到定性分析与定量分析相结合的目的。第四，叙事研究法。本书在研究过程中特别注意查找并使用第一手资料，在利用外文资料特别是英文资料时发现一个现象，对伊朗教育的研究比较少，资料保有量有限，无论是古代伊朗教育研究还是近现代伊朗教育研究均是如此。同时还发现，已有的研究许多是描述性的记述、故事性的研究，或是口耳相传的童话、传说，许多材料带有口述教育史的味道，就像是叙事研究。因此，本书的研究也采用了这种方法，通过叙事来还原教育的实际状况。

笔者对中东地区的教育产生浓厚兴趣始于硕士研究生学习时期。彼时（1986—1989 年）笔者在西北师范大学攻读外国教育史硕士学位，导师黄学溥教授是一位学术基础扎实、学识渊博的学者，他对中东地区的教育很感兴趣，时常在授课中提及。经过长期的学习和研究，中东国家的教育成了笔者的一个学术兴奋点。两位前辈学者兼邻居，原西南师范大学的任宝祥教授和杨群章教授，关于中东地区教育方面的谈天说地，也在不知不觉中影响了笔者。所以，笔者对伊朗文化教育一直以来都有一些观察和体悟。楚琳副教授长期从事比较教育研究工作，对中东地区的文化教育研究也颇感兴趣。因此，我们很荣幸也很乐意加入国家社会科学基金（教育学）重大项目和北京外国语大学"双一流"建设标志性项目——"一带一路"国家文化教育大系的研究撰写工作。

本书具体写作分工如下：徐辉教授撰写前言、第二章、第三章、第五章、第七章和结语；楚琳副教授撰写第一章、第四章、第六章、第八章、

第九章、第十章和第十一章。

　　大系总主编、北京外国语大学党委书记、中国教育学会国际教育分会理事长王定华教授在百忙中关心书稿写作，专门询问笔者是否去过伊朗。当笔者回答还没有时，王书记特别嘱咐如可能尽量到研究对象国进行实地调研，才能真正了解其文化教育的实质和精华。外语教学与研究出版社党委副书记、常务副社长刘捷编审热情推荐，使笔者有幸执笔"一带一路"国家文化教育大系之一《伊朗文化教育研究》。外研社期刊分社社长孙凤兰编审、期刊分社文化教育编辑部主任巢小倩副编审一直关心本书的进展，协调多方面事情。责任编辑杜晓沫副编审认真修改，为提高本书的质量付出了心血。教育部区域与国别研究基地伊朗研究中心主任、西南大学冀开运教授审阅了书稿部分章节，劳神颇多，表示感谢。西南大学外籍教师、伊朗学者艾森博士协助我们认真校对了重要的波斯词汇和一些专用表达。在此表示真诚的感谢！本书的撰写工作还得到了王燕副教授、赵上宁博士、黄传慧博士、阮琳燕博士、赵路平博士的大力支持，在此一并感谢！最后还要感谢伊朗驻华使馆文化处的大力支持！囿于笔者能力所限，书中难免会有不足之处，恳请广大专家和读者批评指正，以利于后续书稿的修订与优化。

徐辉
2022 年 8 月于西南大学教育学部

目　录

第一章 国情概览

伊朗伊斯兰共和国，简称伊朗，是具有四五千年历史的文明古国，史称波斯。公元前 6 世纪，古波斯帝国盛极一时。7 世纪以后，阿拉伯人、突厥人、蒙古人、阿富汗人先后入侵并统治伊朗。18 世纪后期，伊朗东北部的土库曼人恺伽部落统一伊朗，建立恺伽王朝。19 世纪以后，伊朗沦为英、俄的半殖民地。1925 年，巴列维王朝建立。1978—1979 年，霍梅尼领导伊斯兰革命，推翻巴列维王朝。1979 年 2 月 11 日，霍梅尼正式掌权，并于 4 月 1 日建立伊朗伊斯兰共和国，霍梅尼成为伊朗革命最高领袖。[1]

第一节 自然地理

一、地理特征

伊朗地处亚洲西南部，位于北纬 25—40 度，东经 44—63.5 度，北接阿塞拜疆、亚美尼亚、土库曼斯坦，濒临里海，与俄罗斯和哈萨克斯坦隔海

---

[1] 中华人民共和国外交部. 伊朗国家概况 [EB/OL]. （2021-08）[2021-12-21]. https://www.fmprc.gov.cn/web/gjhdq-676201/gj_676203/yz_676205/1206_677172/1206x0_677174/.

相望，东邻巴基斯坦和阿富汗，西与土耳其和伊拉克接壤，南濒波斯湾和阿曼湾，与科威特、沙特阿拉伯、巴林、卡塔尔、阿联酋和阿曼等国隔海相望。伊朗是一个高原和山地相间的国家，平均海拔 1 305 米，最高峰达马万德山海拔 5 671 米，海拔最低点在里海，低于海平面 28 米。境内四分之一为沙漠。伊朗境内主要河流有卡伦河和塞菲德河。伊朗素有"欧亚大陆桥"和"东西方空中走廊"之称，[1] 其重要的地缘战略位置、丰富的石油和天然气资源，以及历史宗教文化遗产决定了它在中东和海湾地区的地位。

二、气候条件

伊朗东部和内地属于大陆性的亚热带草原和沙漠气候，寒暑变化剧烈，夏季干燥炎热，冬季寒冷多风；西部山区多属亚热带地中海式气候，年平均降水量在 500 毫米以上；东部沙漠地区的降水量在 100 毫米左右；里海一带气候温和湿润，年平均降水量在 1 000 毫米以上；中央高原平均降水量在 100 毫米以下。首都德黑兰平均海拔约 1 220 米，最高气温在 7 月，平均最低和最高温度分别是 22℃和 37℃；最低气温在 1 月，平均最低和最高温度分别是 3℃和 7℃。[2]

---

[1] 商务部国际贸易经济合作研究院，中国驻伊朗大使馆经济商务处，商务部对外投资和经济合作司. 对外投资合作国别（地区）指南：伊朗（2021 年版）[EB/OL].（2022-01-01）[2022-01-31]. http://www.mofcom.gov.cn/dl/gbdqzn/upload/yilang.pdf.

[2] 商务部国际贸易经济合作研究院，中国驻伊朗大使馆经济商务处，商务部对外投资和经济合作司. 对外投资合作国别（地区）指南：伊朗（2021 年版）[EB/OL].（2022-01-01）[2022-01-31]. http://www.mofcom.gov.cn/dl/gbdqzn/upload/yilang.pdf.

三、自然资源

从整体上看，伊朗自然资源中的石油、天然气和煤炭蕴藏丰富。截至
2019 年年底，已探明石油储量 1 580 亿桶，居世界第四位，天然气已探明
储量 33.9 万亿立方米，居世界第二位。2018 年，伊朗石油日产量 471.5 万
桶，天然气年产量 2 395 亿立方米。其他矿物资源也十分丰富，可采量巨
大。目前，已探明矿山 3 800 处，矿藏储量 270 亿吨。其中，铁矿储量 47
亿吨；铜矿储量 30 亿吨，约占世界总储量的 5%，居世界第三位；锌矿储
量 2.3 亿吨，居世界第一位；铬矿储量 2 000 万吨；金矿储量 150 吨。此外，
还有大量的锰、锑、铅、硼、重晶石、大理石等矿产资源。目前，已开采
矿种 56 个，年矿产量 1.5 亿吨，占总储量的 0.55%，占全球矿产品总产量的
1.2%。[1]

第二节　国家制度

一、国家标志

伊朗的国旗呈长方形，长与宽之比约为 7∶4。自上而下由绿、白、红
三个平行的横长条组成。白色横条正中，镶嵌着红色的伊朗国徽图案。伊
朗的国徽由四弯新月、一把宝剑和一本经书组成。

---

[1] 中华人民共和国外交部. 伊朗国家概况 [EB/OL]. （2021-08）[2021-12-21]. https://www.fmprc.gov.cn/web/gjhdq-676201/gj_676203/yz_676205/1206_677172/1206x0_677174/.

二、行政区划

伊朗的行政区划单位为省，省下细分为地区、郡、县、乡。每一级都有一个委员会，省最高委员会由省委员会的代表组成。内政部任命每个城市的市长，市议员则由地方选举产生。村庄由长老建议推选出的村长实施管理。伊朗目前有 31 个省。具体省份见表 1.1。[1]

表 1.1 伊朗省份名称

编号	名称	编号	名称
1	德黑兰省	17	科吉卢耶-博韦艾哈迈德省
2	库姆省	18	布什尔省
3	中央省	19	法尔斯省
4	加兹温省	20	霍尔木兹甘省
5	吉兰省	21	锡斯坦-俾路支斯坦省
6	阿尔达比勒省	22	克尔曼省
7	赞詹省	23	亚兹德省
8	东阿塞拜疆省	24	伊斯法汗省
9	西阿塞拜疆省	25	塞姆南省
10	库尔德斯坦省	26	马赞达兰省
11	哈马丹省	27	戈勒斯坦省
12	克尔曼沙汗省	28	北霍拉桑省
13	伊拉姆省	29	霍拉桑省
14	洛雷斯坦省	30	南霍拉桑省
15	胡泽斯坦省	31	卡拉季省
16	哈马哈勒-巴赫蒂亚里省		

---

[1] 资料来源于伊朗行政区划网站。

三、政治制度

（一）宪法

伊朗伊斯兰革命后于 1979 年 12 月颁布第一部宪法，规定伊朗实行政教合一制度。1989 年 4 月伊朗对宪法进行部分修改，突出伊斯兰信仰、体制、教规、共和制及最高领袖的绝对权力不容更改。同年 7 月，哈梅内伊正式批准经全民投票通过的新宪法。[1]

（二）议会

伊斯兰议会是伊朗最高国家立法机构，实行一院制。议会通过的法律须经宪法监护委员会批准方可生效。议员共 290 名，由选民直接选举产生，任期 4 年。议会设有主席团和 12 个专门委员会。主席团由议长、两名副议长、三名干事、六名秘书共 12 人组成，主要负责制订会议议程、起草会议文件等工作，任期 1 年，期满后由议员投票改选，可连选连任。第十一届议会选举于 2020 年 2 月举行，当选议员于 5 月宣誓就职，议长为穆罕默德·巴盖尔·卡利巴夫。[2]

（三）政治

伊朗自 1979 年霍梅尼执政后，实行政教合一的制度。1989 年 6 月 3 日霍梅尼病逝，原总统哈梅内伊继任最高领袖。7 月 28 日，原议长拉夫桑贾

[1] 中华人民共和国外交部. 伊朗国家概况 [EB/OL]. （2021-08）[2021-12-21]. https://www.fmprc.gov.cn/web/gjhdq_676201/gj_676203/yz_676205/1206_677172/1206x0_677174/.

[2] 中华人民共和国外交部. 伊朗国家概况 [EB/OL]. （2021-08）[2021-12-21]. https://www.fmprc.gov.cn/web/gjhdq_676201/gj_676203/yz_676205/1206_677172/1206x0_677174/.

尼当选总统。1993 年 6 月 11 日，拉夫桑贾尼连任总统。1997 年 5 月，伊朗总统文化事务顾问、前文化和伊斯兰指导部部长哈塔米当选总统，并于 2001 年 6 月大选中获选连任。2005 年 6 月，伊朗举行第九届总统选举，德黑兰市市长艾哈迈迪–内贾德当选。2009 年 6 月，艾哈迈迪–内贾德在伊朗第十届总统选举中获得连任。2013 年 6 月，哈桑·鲁哈尼当选伊朗第十一届总统，并在 2017 年 5 月的第十二届总统选举中胜选连任。2021 年 6 月 18 日，伊朗内政部宣布，总统候选人赛义德·易卜拉欣·莱希赢得伊朗第十三届总统选举，并于 8 月 5 日宣誓就职。[1]

（四）司法

伊朗司法总监是国家司法最高首脑，由领袖任命，任期 5 年。最高法院院长和总检察长由司法总监任命，任期 5 年。司法部长由司法总监推荐，总统任命，议会批准，负责协调行政权与司法权的关系。在司法总监领导下，伊朗司法系统还设有行政公正法庭和国家监察总局，分别审理民众对政府机关的诉讼和监督国家机关的工作。

（五）专家会议

1979 年通过的宪法中规定专家会议为常设机构，由公民投票选举 86 名法学家和宗教学者组成。其职责是选定和罢免领袖。每年举行两次会议。第五届专家会议于 2016 年 5 月经选举成立，现任主席为艾哈迈德·贾纳提。

---

[1] 中华人民共和国外交部. 伊朗国家概况 [EB/OL]. （2021-08)[2021-12-21]. https://www.fmprc.gov.cn/web/gjhdq_676201/gj_676203/yz_676205/1206_677172/1206x0_677174/.

（六）确定国家利益委员会

伊朗确定国家利益委员会成立于 1988 年 3 月 17 日，并在 1989 年 7 月经宪法确认。该委员会主要职责是为领袖制定国家大政方针出谋划策，协助领袖监督、实施各项大政方针，当议会和宪法监护委员会就议案发生分歧时进行仲裁。

（七）宪法监护委员会

伊朗宪法监护委员会由 12 人组成，其中 6 名宗教法学家由领袖直接任命，另外 6 名普通法学家由司法总监在法学家中挑选并向议会推荐，议会投票通过后就任，任期 6 年。该委员会的职责在于：监督专家会议、总统和伊斯兰议会选举及公民投票，批准议员资格书和解释宪法；审议和确认议会通过的议案，裁定议案是否与伊斯兰教教义和宪法相抵触，如有抵触则退回议会重新审议和修改，如与议会就议案发生争议且无法解决，则提交确定国家利益委员会进行仲裁。

第三节 社会生活

一、社会综述

（一）人口

截至 2020 年 5 月，伊朗全国人口为 8 492.9 万，列世界第 18 位。年龄中位数为 32 岁，人口密度为每平方千米 52 人，城镇人口数量占比 75.5%，人口年增长率为 1.08%，生育率为 2.15，人口平均寿命为 77.3 岁，15 岁以下人口占比为 24.1%，15—64 岁人口占比为 70.9%，65 岁以上人口占比为 5%，男性人口约占 50.7%。伊朗统计中心数据显示，截至 2021 年 3 月 20 日，劳动力（年龄大于 15 岁）数量为 6 261.3 万人，占总人口的 74%，大学以上学历劳动力占劳动力总数的 10.9%。[1]

（二）语言

伊朗的官方语言是波斯语。大约一半的伊朗人讲波斯语，波斯语也是伊朗文学、新闻和科学的主要语言。不到十分之一的伊朗人讲库尔德语，还有一部分伊朗人使用阿塞拜疆语。亚美尼亚人使用亚美尼亚语，土库曼人使用土库曼语。只有一小部分伊朗人将阿拉伯语作为生活用语使用，阿拉伯语在伊朗的重要性体现在历史和宗教上。

（三）民族与宗教

伊朗是一个多民族国家。全国人口中波斯人占 66%，阿塞拜疆人占 25%，库尔德人占 5%，其余为阿拉伯人、土库曼人等少数民族。伊斯兰教为国教，98.8% 的居民信奉伊斯兰教，其中 91% 为什叶派，7.8% 为逊尼派。[2]

---

[1] 商务部国际贸易经济合作研究院，中国驻伊朗大使馆经济商务处，商务部对外投资和经济合作司. 对外投资合作国别（地区）指南：伊朗（2021 年版）[EB/OL]. （2022-01-01）[2022-01-31]. http://www.mofcom.gov.cn/dl/gbdqzn/upload/yilang.pdf.

[2] 中华人民共和国外交部. 伊朗国家概况 [EB/OL]. （2021-08-31）[2021-12-21]. https://www.fmprc.gov.cn/web/gjhdq_676201/gj_676203/yz_676205/1206_677172/1206x0_677174/.

（四）体育

摔跤和角力运动是伊朗的传统体育项目。1948 年，伊朗运动员首次参加奥运会。1956 年，伊朗首次参加冬季奥运会。伊朗的大部分奥运奖牌都来自举重和摔跤项目。足球是伊朗最受欢迎的运动。伊朗国家男子足球队成立于 1920 年，1948 年加入国际足联，由伊朗足球协会管理，是亚洲传统强队之一，号称"波斯铁骑"，在 1968、1972、1976 年亚洲杯上获得三连冠。伊朗的篮球运动也已成为强势项目，在 2007、2009 和 2013 年亚洲篮球锦标赛上，伊朗男篮三次获得冠军。

（五）医疗健康

第二次世界大战后，通过政府、国际机构和慈善机构的共同努力，伊朗民众的健康状况明显改善。然而，卫生设施不足，医生、护士和医疗用品短缺问题仍然存在。伊朗所有的公共卫生服务事务均由卫生、治疗和医学教育部监督，其分支机构由注册医生领导实施。伊朗的各项社会福利相对较为优厚，主要由国家福利部、被压迫者基金会以及烈士基金会等组织负责管理。伊朗宪法规定了国民享有基本医疗保障，通过政府公共医疗体系、民营医院及非政府医疗救助实现其目标。虽然伊朗没有实行免费医疗，但政府实施补贴政策，药费低廉，低收入居民就医能够得到基本保障。

（六）工艺品

波斯地毯织机遍布了伊朗全国，伊朗每个地方的民众都会为以其地名命名的地毯及其特殊设计和质量而感到自豪。伊朗地毯不仅在当地使用并且大量出口。伊朗的手工织物行业经受住了现代纺织厂的激烈竞争。织工生产的天鹅绒、印花棉、羊毛锦缎、披肩和布鞋等受到各国欢迎。除了地毯外，伊朗还拥有各种各样的工艺制品，无论是实用的还是装饰性的，大多由各种金属制成。伊朗工艺品的工艺技术和产品本身一样形式各异。工艺制品方式有铸造、敲打、锻造、穿孔和拉伸等。最常用的装饰技术是雕刻、镶嵌和镀金。此外，石头和黏土也经常用于生产各种器具，如托盘、盘子和花瓶等。

（七）博物馆

伊朗作为文明古国，有着悠久的历史和灿烂的文化，历史和文化遗产丰富，而博物馆则是展示这些历史和文化的最重要的地点。伊朗博物馆的数量很大，估计在 120 座左右。在这些博物馆中，能体味到这个国家厚重的历史感：有象征波斯帝国的波斯波利斯，体现伊朗民族历史的萨迪墓、哈菲兹墓、菲尔多西墓，见证伊朗辉煌历史的珍宝馆和古代博物馆，承载伊朗厚重文化底蕴的地毯博物馆和曾象征着"波斯帝国复兴"的自由塔。这些都是伊朗人民的宝贵物质和精神财富。为了更好地利用各博物馆和加强博物馆的科研工作，使博物馆逐步走向专业化，伊朗政府于 1997 年实施了博物馆分类法案。根据此法案，博物馆被分成国家博物馆、地区博物馆、地方博物馆、专业博物馆、主题博物馆、科研博物馆、国家荣誉博物馆、赠品博物馆、私人博物馆、宫廷用品博物馆共 10 类，建立起了国家、地方和专业机构分级管理的模式，突出了博物馆的专业性，为文物保护工作提供了良好的科研条件。

（八）农村

地形和供水决定了适合人类居住的区域、人们的生活方式和居住类型。

伊朗人口聚集在内陆高原的外围和绿洲。土库曼人的毡房、巴赫蒂人的黑色帐篷和俾路支人的柳条小屋是典型的伊朗房屋，而伊朗部落的人口则从夏季到冬季随草场牧场而居。广袤的中部和南部平原上点缀着无数绿洲定居点，散落着原始的半球形或圆锥形小屋。自 20 世纪中期以来，游牧人口不断减少，游牧民族也开始定居在更为稳定的村庄。伊朗平原上的村庄房屋设计多采用一种古老的长方形图案。高高的泥墙和转角塔构成了房屋的外表面，屋顶是由泥和稻草建成的，由木椽支撑。清真寺位于村庄的中心地带，有些清真寺也发挥着学校的功能。伊朗山区的村庄通常位于靠近谷底的岩石斜坡上，周围是梯田，种植谷物和紫花苜蓿。房屋为方形、泥砖、无窗建筑，屋顶为平屋顶或圆屋顶，屋顶上的洞提供通风和照明。房屋通常有两层楼高，底层有一个马厩。里海附近的伊朗村庄不同于平原和山区的村庄，分散的小村庄建筑通常由两层木屋组成，独立的外屋包括谷仓、鸡舍和蚕房，均围绕着一个开放的庭院。

（九）城市

伊朗大部分人口是城市人口。伊朗的城市布局是典型的伊斯兰社区形式，商业区或集市面向中心广场，是一个迷宫式的狭窄拱廊，两旁排列着根据销售产品类型而分的小型个体商店。伊朗的现代商业中心在集市之外发展起来。伊朗的政府部门、居民区和商业区等通常被划分在不同的区域。伊朗城市的住宅具有传统风格，圆屋顶由泥砖或石头建造，房屋围绕封闭的庭院建造，带有花园和水池。城市各区都有公共浴场。为适应现代交通而修建的宽阔平直的道路和环形道路改变了伊朗大城市的面貌。然而，他们的基本规划仍然是狭窄弯曲的街道和胡同组成的迷宫式城市布局。

二、社会经济

（一）经济现状

伊朗是亚洲主要经济体之一，其对外贸易中主要出口的商品为油气、金属矿石、皮革、地毯、水果、干果及鱼子酱等，主要进口产品有粮油食品、药品、运输工具、机械设备、牲畜、化工原料、饮料及烟草等。2020 年 3 月至 2021 年 3 月，伊朗非石油进出口总额约 739 亿美元，其中出口额 350 亿美元，进口额 389 亿美元。[1] 对外贸易在伊朗国民经济中占有重要地位。由于工业欠发达，农业较落后，伊朗每年需使用大量外汇进口生产资料、零配件和生活必需品等。20 世纪 90 年代前期和中期，由于国际市场石油价格大幅下跌，导致伊朗石油收入减少、外汇紧缺，为此伊朗在对外贸易中实行"积极推行私有化，鼓励非石油产品出口、限制进口"等贸易政策。[2]

伊朗的国内市场状况表现在以下几方面。第一，市场消费总额。伊朗人口约 8 500 万，是中东地区第二人口大国，仅次于埃及。根据国际货币基金组织数据，2018 年 3 月至 2019 年 3 月伊朗家庭消费总支出约为 6 000 万亿里亚尔。第二，生活支出。根据伊朗国家统计中心发布的 2018 年 3 月至 2019 年 3 月伊朗家庭收入和支出统计报告，伊朗城镇家庭平均年支出为 3.93 亿里亚尔（约 3 389 美元），较上年增长 19.3%。食品和烟草类支出占总支出的 24%，平均为 814 美元，其中肉类比重最大，为 21%；非食品类支出占总支出的 76%，平均为 2 575 美元，其中住房和燃料费用比重最大，为 45%。伊朗城镇家庭平均年收入为 4.35 亿里亚尔（约 3 749 美元），扣除通胀影响后，较上年增长 18.6%。收入来源方面，33.4% 为固定工作收入，

---

[1] 数据来源于伊朗贸易发展组织网站。

[2] 中华人民共和国商务部. 伊朗对外贸易简述 [EB/OL]. （2021-08-31）[2021-09-26]. http://search.mofcom. gov.cn/swb/swb_search/searchList_main.jsp#.

17% 为自雇型收入，49.6% 为其他杂项收入。乡村家庭平均年支出为 2.14 亿里亚尔（约 1 848 美元），较上年增长 20%。食品和烟草类支出占总支出的 37%，平均为 691 美元，其中面粉、面条、谷物、面包比重最大，为 24%；非食品类支出占总支出的 63%，平均为 1 157 美元，其中住房和燃料费用比重最大，为 28%。伊朗乡村家庭平均年收入为 2.33 亿里亚尔（约 2 009 美元），较上年增长 15.5%。收入来源方面，30.7% 为固定工作收入，31.9% 为自雇型收入，37.4% 为其他杂项收入。第三，物价水平。2019 年以来，伊朗货币里亚尔经历了大幅贬值，伊朗国内物价出现不同程度的上涨。根据伊朗统计中心数据，截至 2020 年 3 月 20 日，伊朗年度消费者价格指数同比增长 34.8%，其中食品和饮料上涨 43%，衣物和鞋上涨 43.9%，家具家电上涨 49.3%，交通上涨 46.8%，饭店和酒店上涨 40.1%。[1]

伊朗政府通过制定"社会、经济发展五年计划"，对国民经济的发展进行规划和调控。伊朗"第六个社会、经济发展五年计划"（2016 年 3 月—2021 年 3 月）年均经济增速目标为 8%，计划把石油产量提升至 470 万桶 / 天，计划吸引 300 亿—500 亿美元的外国投资，继续推动私有化进程。目前看，由于美国制裁影响，无论是经济增速还是原油出口都未实现预期目标。此外，为发展"抵抗型经济"，伊朗出台"20 年发展愿景规划"，其核心内容是减少对石油的依赖和创造更多的就业岗位，重要举措包括完善石油和天然气工业价值链，增加石油产品的附加值，提高电力、石化和石油产品的产量及出口等。其中，到 2025 年伊朗能源领域的目标为：能源产能将在 10 年内增加 5 万兆瓦，届时伊朗能源总产能将达 12 万兆瓦。[2] 当前，为抵消美国制裁导致原油出口剧减影响，伊朗正极力发展国内生产和促进非油产品出口。

---

[1] 中华人民共和国商务部. 伊朗对外贸易简述 [EB/OL]. （2021-08-31）[2021-09-26]. http://search.mofcom. gov.cn/swb/swb_search/searchList_main.jsp#.

[2] 中华人民共和国商务部. 伊朗对外贸易简述 [EB/OL]. （2021-08-31）[2021-09-26]. http://search.mofcom. gov.cn/swb/swb_search/searchList_main.jsp#.

（二）对外贸易

为应对美国等国家的经济制裁，2012 年 8 月，伊朗最高领袖哈梅内伊提出发展抵抗型经济的战略，以促进经济自力更生，减少对石油出口收入的依赖。随后哈梅内伊每年都提出相应的发展国内生产策略，在 2020 年伊历新年致辞中，他提出本伊历年（2020 年 3 月 21 日至 2021 年 3 月 20 日）为"生产激增年"，要加快促进伊朗国内生产，降低对外部的依赖。

在贸易协定方面，伊朗与发展中八国集团的马来西亚、尼日利亚、土耳其、印度尼西亚和巴基斯坦签署的特惠贸易协定于 2016 年 7 月 1 日生效；2018 年 5 月 17 日，伊朗与欧亚经济联盟签署临时自贸区协定，该协定包括初步的拟减免税商品清单，涉及双方 50% 的贸易额；伊朗与欧亚经济联盟计划在 3 年内签署全面的自贸区协定。目前，欧亚经济联盟已取消部分伊朗产品的进口关税。这些产品包括土豆、洋葱、大蒜、卷心菜、胡萝卜、辣椒、果汁、小麦、黑米、长粒大米和婴儿食品。伊朗还与一些其他国家签署了双边贸易协定，如 2001 年伊朗与叙利亚签署自由贸易协定，2016 年伊朗与黎巴嫩草签了优惠贸易协定。

在贸易总量方面，伊朗海关总署表示，2019 年 3 月 2 日至 2020 年 3 月 20 日，伊朗向世界上 128 个国家和地区出口了商品，从 112 个国家和地区进口产品。伊朗 2019 年进出口额超过 851.07 亿美元，共出口了 1.69 亿吨产品。伊朗的贸易伙伴依次为亚洲、欧洲和非洲大陆，其中伊朗与亚洲的外贸总额超过 570 亿美元，占贸易总额的 68% 以上。伊朗 2019 年分别向 40 个欧洲国家、21 个亚洲国家、28 个非洲国家和 12 个美洲国家出口了产品。[1]

在贸易结构方面，2019 年伊朗非原油产品出口额 413.7 亿美元，进口额约 437.37 亿美元，非原油贸易逆差 23.67 亿美元。非原油出口产品主要有

---

[1] 资料来源于伊朗海关总署网站。

液化天然气、液化丙烷、甲醇、轻油、聚乙烯、液化丁烷、尿素、钢铁制品及石油沥青等；进口商品主要有玉米、机动车辆及零配件、大米、大豆、通信设备、肉类、机械设备、香蕉、药品及医疗设备等。[1]

在主要贸易伙伴方面，伊朗主要出口市场有中国、伊拉克、阿联酋、土耳其、阿富汗、印度、韩国、巴基斯坦等；进口主要来源地有中国、阿联酋、韩国、德国、土耳其、瑞士、印度等。中国已连续十年成为伊朗第一大贸易伙伴。

---

[1] 中华人民共和国驻伊朗伊斯兰共和国大使馆经济商务处. 伊去年出口目的国达 128 个. [EB/OL].（2020-04-26）[2022-01-01]. http://www.mofcom.gov.cn/article/i/jyjl/j/202004/20200402959033.shtml.

第二章 文化传统

第一节 悠久灿烂的文化

伊朗是中东文明古国，有悠久的历史和灿烂的文化，是世界文明的摇篮之一，也是东西方文明交往的重要枢纽。伊朗既有文明古国发展演变所留下来的历史文化积淀，也展现出现代国家民族复兴的蓬勃生机。[1]

一、伊朗语言文字

伊朗从公元前 550 年居鲁士大帝建立统一的中央集权的波斯帝国至今，其语言文字的发展可分为三个阶段，即古波斯语时期（公元前 550 年至公元前 331 年亚历山大大帝占领波斯）、中古波斯语时期（公元前 250 年帕提亚人自塞琉西王朝手中夺得霍拉桑地区至公元 651 年萨珊王朝末代国王去世）和现代波斯语时期（大约在公元 8 世纪末形成，到 1010 年菲尔多西完成《列王纪》时已经定型，沿用至今）。古波斯语是楔形文字，有 36 个字母，从左至右书写。现在古币、图章、石碑及崖刻上仍有留存。最详细的

---

[1] 冀开运，邢文海. 伊朗史话 [M]. 北京：中国书籍出版社，2020：1.

是伊朗西部比斯通山上的崖刻。这一崖刻共 420 行 18 900 个字，记述了大流士皇帝内征外讨、开疆扩土、当政治国的情况等。中古波斯语即巴列维语，分安息巴列维语和萨珊巴列维语，两种语言大同小异。安息巴列维语有 25 个字母，一个字母代表数个不同的音素。萨珊巴列维语多存留于历史和文学著作当中。当代普通伊朗人已读不懂巴列维语著作，只在伊朗大学中讲授。现代波斯语又称达里波斯语（宫廷波斯语），是伊朗当今通用的语言。它源于东部霍拉桑的方言，于 8 世纪末至 9 世纪初开始普及。现代波斯语采用阿拉伯字母（32 个字母）。

二、伊朗文学

波斯文学是一个令世人赞叹的文化遗产。在中世纪，伊朗波斯文学创作已高度发展。有许多用波斯语写成的著作闻名于世，特别是 11 世纪初问世的波斯民族史诗《列王纪》，在当时被广为传抄。伊朗上下喜闻乐见，城乡传唱。诗歌是波斯文学中最有价值的部分，曾涌现出众多著名的诗人，他们创作了许多脍炙人口的诗篇，不仅为伊朗人民所钟爱，在世界范围内也广为流传。著名波斯诗人有菲尔多西、海亚姆、萨迪和哈菲兹等，他们的著作已被译成多种文字，在世界文学史上占有重要地位。

阿拉伯帝国阿拔斯王朝前期诸哈里发政治上启用波斯显贵（如巴尔马克家族三代人相继成为朝中重臣），效仿和实行波斯萨珊王朝的行政制度；文化学术上支持和赞助"百年翻译运动"，全面借鉴和吸收波斯、希腊和印度的优秀文化遗产。而这一时期，哈里发大权旁落，各地诸侯坐地为大，异族政权相继而起，许多小王朝纷纷出现，国家陷入四分五裂的境地。当时影响较大的地方王朝有塔希尔王朝、萨法尔王朝、萨曼王朝、布韦希王朝和伽色尼王朝等。各朝君王为了给自己的王朝增添光彩，广招各地学者、文人和艺术家，兴建图书馆，收集古代和当代书籍，资助和扶持文化事业的发展。在这方面，萨曼王朝尤为出色。波斯文学的崛起，正是在伊朗各地方王朝的扶持和赞助下得以实现的。

近现代以来，伊朗文学内容充实、语言明快，主张在新时代应该创作符合人民需求的戏剧和小说。伊朗文学在立宪运动时期，在反映人民的生活与斗争、谴责帝国主义和封建统治者等方面，其深度和广度是空前的，同时，文学语言也更接近大众口语。20 世纪 60 年代之后，伊朗文学作品倾向于关注伊朗妇女和家庭关系。

三、伊朗艺术

伊朗艺术包括建筑、绘画、雕刻、装饰、工艺、音乐、舞蹈等。伊朗艺术的历史可追溯到 8 000 年以前，经历了漫长的发展过程。古代的审美观念可以从阿契美尼德王朝时期（公元前 550—公元前 330 年）波斯波利斯的考古发现中窥见。伊斯兰教传入以后，伊朗的审美观念有了很大的变化。每一个王朝都有自己的艺术审美特点，恺伽王朝是古代波斯文化艺术的最后阶段。然后艺术进入了现代时期，现代主义被引进并影响了伊朗的艺术领域。

考古发现，波斯人在公元前 4 000 年已进入铜器时代。聪慧的波斯人在石块、木材、陶土、金属、骨头上绘制出栩栩如生的动物形象和复杂的花卉图案。波斯绘画（细密画）在世界享有盛名，以精致和细腻著称于世，使用的画笔有时是用一根毛发制作而成，15 至 16 世纪盛极一时，至今仍经久不衰。

伊朗地毯编织的历史与伊朗民族的历史一样悠久。伊朗地毯编织对原料的选择、色泽的搭配、图案的设计和编织的技艺都要求极严，因此波斯地毯堪称世界上最精细、最富装饰性、最有价值和质地最优的地毯之一。现存最古老且保存最完好的波斯地毯是在西伯利亚发现的制作于波斯帝国时期的地毯。

古代波斯的音乐在阿契美尼德时期就已相当发达，主要是宗教圣歌和英雄赞歌。公元后的萨珊王朝时期（224—651年），是伊朗音乐史上的重要时代，出现了许多著名的音乐家。约8世纪中叶，宫廷音乐、舞蹈特别盛行。

伊朗的传统建筑别具特色，其用材基本上是取之于当地的石块、砖或土坯，很少用木料和金属，所以不会因锈蚀或腐烂造成坍塌；以拱形和圆柱形作为构建的主要几何形状，其稳定性和牢固度很高；墙体厚重敦实，保温隔热效果都很好。伊朗建筑的基本特点包括：内向性、结构复杂、同类均衡、拟人性、对称和不对称、最小消耗。

伊朗传统舞蹈重视手、躯干的动作和面部表情，但和阿拉伯舞蹈的区别是很少有臀部的扭动，也吸收了印度北方的舞蹈动作，常用波斯鼓伴奏。

伊朗优越的地理位置自古以来使伊朗在东西方文化交流中起着桥梁作用。波斯民族不仅是人类文明的创造者，也是不同文明的传播者。伊朗商人的足迹遍及亚、非、欧，他们不仅从事大量的贸易活动，而且为人类文明与文化的传播与交融做出了巨大的贡献。

第二节　文化名人

一、诗人阿布·努瓦斯

努瓦斯（750—810）以咏酒诗成就最高。"迷妄之路我自选，舍尽才华奔异端。我行我素好逍遥，享乐放荡乐无涯。乐及时，胜过盼来世望眼欲穿；尽欢笑，强似卜幽冥等得心焦。未曾见人死后报，天堂地狱进哪边。"
诗人还声言："宿命，反宿命，谁也说不清。死亡和坟墓，才是真实情。"阿
布·努瓦斯被誉为"诗歌革新派的代表人物"。

二、菲尔多西和他的《列王纪》

菲尔多西（940—1020）是广受波斯语地区尊重的波斯史诗巨匠，伊历
2月25日是菲尔多西纪念日，也是伊朗、塔吉克斯坦共同的节日。菲尔多
西的大半生都是在萨曼王朝时期度过的。该时期的伊朗地方政权热衷于复
兴古波斯文明，鼓励和赞助文人为古波斯帝王树碑立传。菲尔多西依据散
文体《王书》，参考《帝王纪》，深入民间广泛搜集素材，呕心沥血30余年，
终于完成了长达十万余行的近韵体民族史诗《列王纪》。按照当时的惯例，
菲尔多西将经过修订的《列王纪》奉献给入主霍拉桑的伽色尼王朝突厥族
皇帝马哈茂德（998—1030年在位）。但因书中鲜明的反抗异族侵略的思想
等原因，皇帝拒绝接受。诗人非但没有得到赞许和奖赏，反而遭到伽色尼
朝廷的追捕和迫害，不得不四处流浪。菲尔多西逝世后，他的遗体不准葬
于穆斯林公墓，只准葬在自家的庭院。

《列王纪》从开天辟地、文明之初写起，写至伊朗萨珊王朝被阿拉伯
人所灭。上下四千余年，经历了50位国王的统治。主要记述传说中伊朗
庇什达德王朝、凯扬王朝和历史上萨珊王朝诸帝王的文治武功，众英雄
的丰功伟绩。第一，神话传说（公元前3223—公元前782年），万余行
诗，着重记述伊朗雅利安人的起源，古波斯文明的萌芽，火的发现，农耕
的开始，衣食的制作和文字的使用等。这部分以庇什达德王朝诸帝王与
恶魔阿赫里曼及其他妖怪的斗争为主要线索，言简意赅地述说了"人类
始祖"凯尤马尔斯、"最初的立法者"胡尚格、"披坚执锐的镇妖者"塔

赫穆雷斯和"拥有良畜的美男子"贾姆希德等帝王的功业，最后比较详细地描写了暴君扎哈克的千年苛政和铁匠卡维的揭竿而起。第二，英雄传奇（公元前782—公元前50年），6万余行诗，是史诗的精华和核心部分。作者通过对传说中的伊朗与邻国突朗之间长达数百年之久的战争（从庇什达德王朝后期至凯扬王朝结束）的详尽描述，成功地塑造了若干开拓疆土、抗击异族入侵的帝王形象，如性情乖戾、好大喜功的凯·卡乌斯，文武双全、智慧贤明的凯·霍斯鲁和权迷心窍、阴险狡诈的古什塔斯布等。

史诗《列王纪》素有"鲁斯塔姆书"之称。为搭救身陷囹圄的凯·卡乌斯国王，鲁斯塔姆不顾个人安危，选择一条布满艰难险阻的近路，只身前往马赞德兰，连闯"七道难关"：勇斗雄狮，坐骑拉赫什立下头功；忍受饥渴，走出一望无垠的荒漠；大显神威，力斩通人语的巨龙；识破奸计，不为"美女"的酒宴所惑；生擒蛮将，说服乌拉德充当向导；力战群魔，除掉主妖阿尔让格；潜入魔窟，制伏穷凶极恶的白魔王。英雄挖出白魔王的心肝，将鲜血滴进凯·卡乌斯的眼中，使国王双目复明。

《列王纪》不仅是古波斯神话、传说和历史故事的总集，同时也是琐罗亚斯德教文化传统的发扬光大者。波斯古经《阿维斯塔》阐发的以"抑恶扬善"为宗旨的"善恶二元"论，宣扬"君权神授"的"灵光"说，强调劝善惩恶的"三善"（善思、善言和善行）原则，以及带有神秘宗教色彩的"祥瑞观念"等，在《列王纪》的字里行间，尤其在劝谕性的段落里，或隐或显地有所表露。

三、欧玛尔·海亚姆和他的《鲁拜集》

欧玛尔·海亚姆（1048—1122），波斯哲理诗泰斗。他在天文、数学、医学、哲学和宗教神学诸方面，均有较深的造诣。海亚姆生前不大写诗，只在与亲朋好友相聚、席间对酌之际，兴之所至，吟咏成篇。起初，这些诗仅在少数知己中间传诵，被有心的朋友记录下来。诗人去世后，这些零散的诗才被汇集成册。1461 年在设拉子首次出版了海亚姆的《鲁拜集》，但其中不少诗篇并非出自海亚姆本人之手。19 世纪中叶，英国诗人菲茨杰拉德（1809—1883）将海亚姆的《鲁拜集》译成英文，引起世界文坛的关注。海亚姆在《新春篇》中写道："我们目睹许多学者相继辞世，现在学者已经屈指可数了。他们不但人数很少，而且苦难深重。正是这为数不多的几个人，在艰难困苦的环境中，为科学的进步和发展而奋斗乃至献身。另外大多数学者却弄虚作假，摆脱不了欺诈和造作的习气，他们利用学得的知识去追逐庸俗和卑鄙的东西。如果有人探求真理，播扬正义，鄙弃庸俗利益和虚伪的骗局，就立即招来嘲笑和非议。""我们来去匆匆的宇宙，上不见渊源，下不见尽头。从来无人看得透个中真谛，我们自何方来，向何方走？""这亘古之谜你我皆茫然不懂，谜样的天书谁人都解读不通。如今，你我在帷幕内说长道短；幕落时，全都消失得无影无踪。"

四、一代文宗萨迪

萨迪（1208—1292），享誉世界的波斯诗人。在波斯文学史上，他被称为"语言巨匠"，诲人不倦的"伟大导师"，其诗文著作是波斯文学的最高典范，令后人望尘莫及。叙事诗集《果园》、诗文相间的故事集《蔷薇园》是萨迪的代表作。前者主要写诗人心目中的"理想王国"，是对纯洁、善良、正义和公道等美德的礼赞；后者多着眼于现实，意在揭示生活中的美与丑、善与恶、光明与黑暗。就写书的宗旨而言，即在规劝世人避恶从善以匡正世俗方面，两者是完全一致的，而且都是萨迪对自己长期流浪生活的思考和总结。他在《果园》里深有感触地写道："持刀行凶的男人并不可惧，倒是孤儿寡母的叹息令人心悸。寡妇点燃的一盏孤灯，往往会烧毁一座大城。"另有一首关于孤儿的诗说道："要为幼年丧父的孩童着想，解除他心中的忧虑和悲伤。……试问帝王的宝座为何摇晃？只因孤儿的哀号令人断肠！"[1]

五、抒情诗巨擘哈菲兹

哈菲兹（1320—1389），14世纪波斯著名诗人。生于伊斯法罕，后全家迁居设拉子。幼年丧父，生活贫困，但勤奋好学，能背诵《古兰经》，人们称他为"哈菲兹"，即熟诵《古兰经》之人。少年时开始学写诗歌，20岁即在抒情诗和劝善诗创作方面显露才华，曾受设拉子穆扎法尔朝统治者之邀任宫廷诗人。1387年帖木儿攻陷设拉子后两年，哈菲兹因贫困和愤懑死于设拉子。他的遗体现安葬在设拉子郊外的莫萨拉附近，已成为人们瞻仰和游览的胜地。

哈菲兹的诗歌对当权者的专制和暴虐、社会道德的沉沦，尤其是对社会的虚伪、教会的偏见，进行了无情的揭露和嘲讽。他还在大量诗篇中，咏叹春天、鲜花、美酒和爱情，呼唤自由、公正和美好的生活，对贫困的人民寄予深厚的同情。他的波斯文《哈菲兹诗集》于1791年第一次正式出版，并被译成多种外国文字。哈菲兹在波斯文学史上占有重要地位，许多东西方著名诗人也对哈菲兹给予高度评价，后世伊斯兰学者称赞他为"诗人中的神舌""设拉子夜莺"。

---

[1] 元文琪. 伊斯兰文学 [M]. 北京：中国社会科学出版社，1995：128.

第三章 教育历史

　　根据伊朗国家历史的发展，我们把伊朗教育历史的发展大致分为四个时期，即古代时期（公元前3200—公元1736年）、近代时期（1736—1925年）、巴列维王朝时期（1925—1979年）和伊斯兰共和国时期（1979年至今）。每个时期的教育发展都是与当时的社会、经济、政治和宗教的发展相一致的，每个时期的教育都有自己的发展逻辑与时代特征。

第一节　历史沿革

一、古代时期的教育

　　18世纪以前，伊朗教育比较繁荣，不仅仅指单纯的学校教育，也包括家庭、社会等其他教育。教育与个人的社会化和个性化的发展是密切相关的，它不仅表现在家庭中，而且体现在学校、教会与国家的儿童及青少年教育计划中。7世纪，阿拉伯人的入侵严重地扰乱了伊朗人民的生活，一些家庭与社会机构承担了许多曾经由国家和当地政府行使的教育职能。到了16世纪，地方和民族势力联合起来，促进民族主义的发展，鼓励对儿童及青少年进行教育和培训。

（一）7 世纪以前的社会化与教育

古代波斯的文化是相当完备统一的，尤其是在阿契美尼德王朝时期和萨珊王朝时期。当时的社会通过培养信教、爱国且拥有良好道德品质的公民来建设一个伟大的国家。这种文化的存在与繁荣源于紧密的家族血缘结构，也来源于强调规范行为、宗教教义和集权式的国家。这样的文化传统为个人社会化提供了适宜的土壤，有助于发展稳定的、完整的人格。儿童个性的形成是显而易见的，他们更多的是通过练习而不是单纯训导来接受教育。国家与家族对百姓规定了各种各样的义务，令其遵守社会秩序。所有的儿童都朝着一个由国家、社会、家庭综合引导所决定的共同目标前进，该目标表现为"生存下去并为生存做贡献"。古代波斯在很大程度上先关注成人的习得模仿，然后再关注儿童的习得教养。当时家庭内部的纽带十分紧密，直到儿童五岁之后，其他机构在教育中才扮演更重要的角色，但是儿童与母亲之间的关系依然亲密。父母能够敏锐地感受到，他们对要养育一个幸福并且能够为家庭和国家做出贡献的孩子承担了很大的责任。对于儿童来说，发展他们良好的道德品质同样重要。

琐罗亚斯德教的教义对早期伊朗的教育产生了深远的影响。琐罗亚斯德教认为体格健全和精神健全同样重要。"一个好的头脑需要一个健康的体魄来承载"这一信条使得信教者首先祈祷自己的孩子拥有强健的身体，其次才是聪明的头脑。伊朗先民开展了大量的体育锻炼项目，如：跑步、射箭、马术、马球、投掷标枪、投掷矛、投掷石头、套索、战车比赛和游泳。体育锻炼的方法包括观察、模仿、练习、农作与狩猎活动、公开比赛和锦标赛。体育训练中心一般设在集市和人群聚集的地方。年幼的儿童在教师或教练的指导下开展上述体育训练之前，每天都会和同龄的伙伴去观察年长的人们的表现。儿童满十五岁成为青少年，就要经常参加这些体育训练。他们积极地练习，与团队中的伙伴竞争，参加公开比赛、追求名次。这些比赛每周、每月、每年都会为不同年龄段的青少年举办，目的是检验他们的技能。

用体育训练促进身体的发展只是儿童社会化的一个方面，职业训练也逐步加入。目前对于这个方面所知甚少，但有证据表明，在当时的伊朗，儿童从很小的时候就在晚上学习贸易知识和进行职业训练，青少年则利用白天的部分时间来学习骑马、射箭、投掷标枪以及其他职业技能。

古代波斯十分重视青少年儿童道德训练和人际关系的处理。青少年儿童崇尚真诚、正义、纯洁、感恩、虔诚和勇敢等品德，努力把"在思想上、语言上、行动上保持纯净"作为生活准则。青少年儿童在露天广场学习正义，就像今天的学生在学校中学习阅读一样。在广场或操场上，每组年龄相当的青少年儿童都有一名教练或裁判，他们负责组织与裁决孩子们的训练活动，孩子们要从实践中进行学习。

操场上的孩子们还必须学习对食物和饮料的自我控制。撒谎或者犯错会带来长时间的耻辱和羞愧。青少年儿童的良好品质要通过反复灌输、模仿长者行为、教师的监督、与同伴一起生活等逐渐培养。最终，经过反复训练，他们养成了正确的习惯，学会了尊重长辈和遵守规则秩序。道德训练是通过每天的实践来培养的：孩子们首先听关于德行的故事和案例，然后讲出故事和案例中的道德行为及其理由，并参照他人的评判给出自己的意见。任何不公正的言论和行为都将受到惩罚。

在古代波斯儿童与青少年社会化教育过程中，国家强调儿童与青少年体格健康、忠诚、服从以及对国家建设无条件的责任。

（二）7—18 世纪的社会化与教育

7 世纪，阿拉伯人入侵伊朗，彻底改变了早期伊朗的各种教育政策及措施。此后数百年，伊斯兰小学、伊斯兰经文学校，大大小小的集市和竞技训练机构对青少年教育培养做出了贡献。16 世纪前伊朗都没有完全统一，崇尚地方自治。

这时期的伊朗，家庭是儿童与青少年的保护地。父亲负责做决定，有无可挑战的权威。父亲通常决定孩子做何种职业并且决定孩子的婚姻。孩子有时会受到毫无警告的惩罚，有时又获得无限的关爱。孩子对父亲满怀尊重与顺从，同时也混杂敬畏，当然孩子依然信任父亲。孩子们到一定年龄就要独立，从父亲身上他们学到了对长辈的服从和尊重，男孩还可以从父亲身上学习男性的阳刚之气。母亲培养了孩子性格中温和的一面，从母亲的身上孩子们学到了同情、信任和关爱等情感。每个孩子都与母亲保持着亲密的联系，即使在学龄阶段。孩子们把母亲与家庭联系在一起，因为传统的伊朗女性主要待在家庭里，只有去澡堂、清真寺或者拜访朋友时才离开家庭。母亲几乎将她所有的时间都贡献在照顾丈夫和孩子、做家务和做饭上。

这时期的伊朗还十分强调宗教和道德训练。在家里进行宗教活动时，孩子和长辈们坐在一起，并为客人们享用茶点提供服务。许多家庭还大声诵读《古兰经》，教导孩子其中的宗教教义。古典诗歌和歌曲蕴含了社会认可的行为，大人们喜欢诵读、讲述这些诗句，因此，孩子们很容易就能学会。

这时期最普遍的初等教育机构是"伊斯兰小学"，是由私人捐款和教会支持的宗教学校。富人们通常拥有私人的家庭"小学"，他们在那里教育自己和亲戚的孩子。女孩们偶尔学习一点由女性教授的特殊课程。热心公益的慈善家有时会建一个对所有人开放的"小学"，但更多的"小学"是由个人家庭或私人教师开办的。父母愿意竭尽全力支付孩子的教育费用，教师有时也会特别关照父母给钱最多的孩子，但这种情况并不常见。

"伊斯兰小学"在许多方面是有局限性的。它的课程主要包括阅读、写作、诵读《古兰经》和古代波斯经典，如哈菲兹的诗歌等。"小学教师"主张学生用死记硬背的方式学习，并通过体罚来维持严格的纪律。当时"小学"的各种建筑设施不能满足教学需要，教室也不适于学习。

二、近代时期的教育

在传统的伊朗社会中，高等教育仅限于少数有能力为自己的学习承担费用的个人。其培养目标是培养对经典名著非常熟悉又擅长哲学思辨的学者。许多领域的大门向接受过高等教育的人敞开，他们可以成为政治家、历史学家、神学家、哲学家、文学家，甚至艺术家。有野心抱负的人会紧紧追随达官贵人，通过对达官贵人的服务和奉承，获得官吏、朝廷秘书、天文学家甚至诗人的头衔。

19世纪以后，伊朗沦为英、俄的半殖民地。从那时起，国际上的所有大事件都会影响伊朗的政治生活，进而导致行政管理改组。政府的官僚行政体制直接促成了旨在培养训练有素的政府官员的高等教育体系的诞生。

1851年，伊朗开办了第一所高等学府（高等学院）。最初预想从贵族、地主和政府高级官员的家庭中挑选大约30名年龄在14—16岁的学生，但最终第一届录取了105名学生。他们在以下领域注册：陆军科学（61人），工程和采矿（12人），医学（20人），化学和药学（7人）以及矿物学（5人）。教育是免费的，学生除了食宿还能得到一点津贴。[1]

这些学生要在校学习六年或更长时间，最初的学习内容包括实践和技术科目。学院要求学生入学前掌握一定的古典名著基础。后期的教学计划调整为广博的人文教育课程和外国语言（主要是英语、法语和俄语）课程。法语为教学语言。学生接受良好的技术培训，学院努力提供最新的仪器设

---

[1] REZA A. Education and social awakening in Iran 1850-1960[M]. Leiden: E. J. Brill, 1962: 21.

备，图书馆也逐渐积累了英语、法语和其他语言的教科书。

该学院在大众传媒领域做出了巨大贡献。学院成立前就存在的伊朗的第一份官方报纸《时事新闻》继续在学院的印刷厂印刷。学院的校友还指导了其他刊物的出版，如报道科学常识和百姓生活的《大众生活》，在1876年出版了第一期。随着学院的发展，大量科学、医学和人文学科的书籍也陆续出版。学院出版的161种出版物中，70种涉及数学、医学和科学，14种涉及军事科学的各个分支，其余的涉及哲学、文学和历史，还包括几本字典。

在学院开办的40年间，共有1 100人毕业。在亲戚朋友的帮助下，他们大部分进入了政府部门工作。医学毕业生承担了朝廷医师的任务，同时也有自己的私人诊所。那些没有家族社会关系背景的人则进入教育系统工作。

19世纪末，伊朗政府各部门尤其是外交部已经意识到极需大批训练有素的人才。1901年，旨在为外交部培养人才的政治学院正式开学，学校制定了倾向文雅教育的教学计划，同时重点培养学生履行政府职责的能力。到1910年，学习期限从最初的三年延长到五年。前三年开设了伊斯兰法、历史、地理、天文学、政治学、数学、国际法和法语等课程，后两年学生可自己选择专业领域，如国际法、法理学和逻辑学。毕业前，学生必须在外交部不带薪实习三年。虽然学院的大多数教师是波斯人，很少有人受过专业训练，但他们对自己教授的学科仍有一定了解，并努力保持高水平的教学。

政治学院的建立激发了其他部委建立类似学校的信心。1902年，国民经济部（后来的农业部）在德黑兰西北的卡拉季建立了农业学院，提供高中水平的学校教育和两年制的大学教育，但田间实习很少。1911年，教育部管理的一所美术学校获准设立。1918年，教育部又成立了一所培养中小学教师的男子师范学校。在开设的第一年，初级班招收接受过六年基础教育的学生，高级班招收有九年教育文凭的学生。高级班主要是为高中培养教师。司法部门在 1921 年建立了司法学院，它的教职员由波斯和法国教授组成。学校招收高中毕业生，并为司法部门的行政人员提供在职学习和培训。

三、巴列维王朝时期的教育

巴列维王朝始于礼萨·汗（1925—1941 年在位），终于他的长子穆罕默德·礼萨·巴列维（1941—1979 年在位）。穆罕默德·礼萨·巴列维是一个由西方势力扶持上来的君主，从小就被父亲送往欧洲学习。20 世纪 60 年代，在他的主持下，伊朗开始了轰轰烈烈、充满西方思维的所谓"白色革命"，包括免费义务教育、扫盲运动、大力建设教育系统、可用支教代替兵役等。在某些方面，其改革效果是显著的，比如近一半人口脱离了"文盲"。

（一）初等教育

礼萨·汗统治期间，在高度集权的政府中，基础教育成为一项国家职能。为了更好地履行这一职能，伊朗在教育部内部设立了一个公共教育局。从 1934 年开始，它负责监督小学、中学和成人教育；负责教师招聘、编写教材、收集统计数据。它的另一项任务是为城市地区制定六年制小学教育方案，为农村地区制定小学四年制课程。虽然 1906 年的宪法和《基础教育促进法》第 33 条规定，这些学校将是免费的，并为 7—13 岁的儿童提供义务教育，但政府从未实现这一目标。

教育部的行政法赋予公共教育局制定中小学课程大纲的权力，但其建议必须得到教育部的立法机构高等教育委员会的接受，并由教育部最终批准。1925 年，公共教育局提出了第一个小学教育方案，1928 年发布了修订后的小学教育方案。

最初的课程包括波斯语（口述、写作和阅读）、历史、地理、绘画、体育、（一些）社会研究和音乐（含一点歌唱）；缝纫和绘画被列入女童课程。孩子们每周上学五天半到六天，学年从夏季最后一个月的第十五天开始，一直到春季的最后一个星期结束。

教育部采用集权政策，制定了统一的教育计划。所有学校，无论是公立学校还是私立学校，都必须教授同样的课程，只有经课程规划科负责人、高等教育委员会和教育部部长批准，才能对课程进行修改。学校的统一性得到强调，整个小学阶段，男孩们都穿着统一的短裤和灰色西装，戴贝雷帽。还必须加入童子军，参加爱国活动和庆祝活动。不管哪个民族，每个学生都必须学波斯语。公立学校的发展为共同交流开辟了道路。大众媒体强调伊朗的共同遗产，同样有效地影响了许多文化群体。不同地区、不同种族和不同社会背景的儿童在同一所学校上学，并把他们在学校的经历带回家里。

教育部为所有学生组织三个月为一学期的期末考试。1933 年的《考试条例》规定，地方应为每个学校组织一个委员会以监督六个年级的考试。委员会成员必须是拥有至少三年以上教学经验的高中教师，由德黑兰市教育局或地方教育行政机关任命。1935 年，教育部颁布了更为明确的规定，确定了考试的具体日期和学生升学的条件。所有学校的一至六年级的学生都在同一天参加同样科目的考试。对听写、算术、几何、作文和书法等科目必须进行书面考试。在听写考试中，学生必须在听完一篇难度适中的文章后正确地写出一篇短文。在作文考试中，学生以诸如"春天""善良""笔与剑"这样的主题进行创作。在算术考试中，一共要回答三个问题。如果学生通过了这些科目的笔试，他就可以参加口试。通过六年级考试的学生，可以取得特别证书。

然而，尽管做出了这些努力，国家并没有实现义务教育普及的目标，教育仍然集中在城市地区。地理因素、交通不便和国家的经济状况制约了农村教育的发展。

1941 年礼萨·汗退位后，伊朗的教育偏离了发展的方向。尽管如此，由于人口增长，特别是在城市，这一阶段教育在规模上得到了一定的发展。不断扩张的城市人口是促进教育事业发展的强大动力，伊朗小学学校和学生的数量在城市有了大幅增加，见表 3.1。

表 3.1　1924—1925 年与 1939—1940 年小学教育的增长状况比较 [1]

年份	学校的数量（所）	总计入学人数	毕业生人数（男）	毕业生人数（女）	毕业生人数（总计）	教师人数
1924—1925	3 285	108 959	1 496	380	1 876	6 089
1939—1940	8 281	457 236	10 442	3 367	13 809	13 078
增长倍数	约 1.5 倍	约 3.2 倍	约 6 倍	约 7.9 倍	约 6.4 倍	约 1.1 倍

由于这时期国家对基础教育特别是低年级教育需求量很大，以至于伊朗教育部不得不缩短大城市学校的教学计划。一年级至三年级的儿童上半天课程。与此同时，一些大城市比如德黑兰开办了一些私立小学。很多因素导致了私立小学的增长，其中最主要的因素是富裕的父母渴望他们的孩子接受比公立小学更好的教育。不切实际的美国顾问和没有经验的本土官员们鼓励教育部以牺牲农村和部落教育为代价建立几所所谓的"进步"学校。事实上，在农村和部落地区，政府在促进小学义务教育方面做得很少。

---

[1] REZA A. Education and social awakening in Iran 1850-1960[M]. Leiden: E. J. Brill, 1962: 57.

农村和部落教育相对于城市地区教育落后的问题较为严重，在城市地区有 70% 的儿童上学，而在农村只有 15%。这种差距主要是由社会传统、不良的行政管理和政府规划不足造成的。20 世纪 40 年代伊朗中央政府就拟定了消除文盲的计划，但计划从未完成。

（二）中等教育

伊朗教育部在 1925 年设立了公共教育局来监督包括私立学校和宗教学校在内的中小学，但基础教育状况几乎没有改变。这个新管理机构继续实行男女分校政策，并对就读公立高中的学生每月收取少量学费。学校图书馆和实验室设施几乎没有改善，也不提供午餐，外地学生必须自己安排食宿。当然，部分高中有了运动场地，鼓励学生踢足球、打排球、打篮球。虽然部分高中对课程做了重大调整，但在实际教学中，讲授法仍然是主要的授课方式，实验室教学很少。几乎没有教师系统学习过教育学，高中教师只需要拥有大学学位就可以。在 20 世纪 20 年代末和 30 年代高中教师需求量很大的时候，甚至这个要求也没有严格执行。

建立统一的高中课程是强化中央集权的措施之一。公共教育局为私立学校和公立学校设计了一套标准的学校课程。修改学校课程的工作大部分委托给了在法国受过培训的人，他们对法国教育制度盲目模仿，对高中教育目的理解有限，严重损害了伊朗高中教育。他们重视知识本身，而不是它的适用性，重视理论而不是实践，授课方式讲授法多于实验法。其结果是，虽然中学课程的主题极其广泛，但却与学生生活经历关系不大。1925 年开始实施为女孩开设的高中课程，为男孩开设的高中课程的修订工作直到 1928 年才完成。1939 年，对男校和女校的高中课程都做了小修改，主要是减少了教学时数。

伊朗教育部在中学阶段为男孩开设了 6 年课程，为女孩开设了 5 年课程，分为第一阶段和第二阶段。第一阶段三年，相当于初中，男校和女校的课程基本相同。这阶段主要课程有波斯语（拼写、写作、阅读和语法）、阿拉伯语、外国语（主要是法语和英语）、数学（算术、代数和普通几何）、普通科学（物理、化学、自然科学和卫生）、地理和历史、绘画和素描、书法、宗教及体育。此外，女孩还学习烹饪、缝纫和家务。

第二阶段是接下来的两到三年（取决于学生的性别及其未来的打算），相当于高中。男孩只参加大学预科课程学习，可以选择文学或数学和物理科学。女孩要么学习普通课程，要么学习师范课程。最后一年主要是给学生提供为大学学习做准备的专门训练。完成文学课程的男孩获得在大学继续学习法律和政治学、文学和哲学，或者地理和历史的资格。数学和物理科学课程为男孩更进一步学习数学、物理、化学或生物打下基础。

考试方案和课程一样，也都是集中管理的。教育部考试办公室根据规定制定一套统一的试题。学生的学年成绩一般都要经过每年6月的考试获得。如果第一次不及格，可以在9月再考一次。学生必须先通过笔试，然后才能参加口试。达到20分的中间分10分才能进入下一个阶段。

在20世纪30年代，学生在中学的第一、第二、第四年参加当地的考试，但如果他们想要获得证书，在第三、第五、第六年，他们必须通过国家考试。考试包括笔试、口试和实践部分。同样，学生必须笔试合格才能继续参加其他考试。

总之，1925—1941年，伊朗教育制度发生了深刻的变化。礼萨·汗的中央集权政策使所有学校都必须服从教育部的规定。修订后的教学计划加强了高中的大学预备教育性质，削弱了学生与社会生活的联系。这一时期也是伊朗城市化的开始。即使高中毕业不上大学，也能找到一份好工作，还有其他福利。政府为高中学生提供了一些奖励，1925年颁布的《义务兵役法》对完成学业的高中生给予了延期。在这段时间里，高中入学人数增加了12倍，大部分高中毕业生都进入了大学，其他毕业生不是成为小学教师就是出任国家公职。各级政府也非常需要高中毕业生，以至于它没有预见到高中入学人数不断增加的最终结果。

快速的城市化是二战后伊朗的特点。随着城市的发展，教育的需求在各个层次都有所增加。在二战后的 20 年里，每年大量的小学毕业生进入中学是中学入学人数快速增长的原因。这一时期，高中入学人数增加了大约 8 倍，高中毕业生人数增加了大约 5 倍。这样的增长是伊朗现代教育的巨大成就，但事实上，这些毕业生中有许多人在社会上找不到工作。申请进入大学的学生中，只有八分之一的学生能被录取，高中却还在继续强调大学预备课程，这就使得没有上大学的高中毕业生很难在一个急需更多熟练技术工人的社会中就业。

因此，伊朗高中毕业生面临的问题，很大一部分是由于中学课程未能跟上不断变化的社会发展。5—6 年的两个阶段的教学计划仍在继续。它们提供波斯语、阿拉伯语、宗教、化学、自然科学和卫生、历史和地理、外语、绘画和书法（前两年）、代数（第二年）、三角学（第五和第六年）和天文学（第五年）等课程。在第五年，学生可选择一定数量的选修课。第六年是专门提供特别需要和兴趣的一年，以便为学生大学生活做准备。除了以前提供的普通课程和师范课程以外，女孩的学业处境也有所转变，可以自由地学习理科和文科课程。1957 年，商业课程开发出来，从第二阶段（即高中阶段）开始，学生可以学习簿记、打字、会计、金融等课程。

1957 年，伊朗教育部课程规划与研究局与美国教育顾问共同修订了初中和高中课程。初中提供语言和文学、外语、社会科学、数学、物理和自然科学等领域的学习，以及艺术、家政、手工训练、体育和书法等辅助课程。高中的目的是为学生将来的专业学习做准备。在高中的前两年，教学计划包括以下课程：文学、数学、自然和物理科学、商业、家政和师范（为小学教师做准备）。高中的第三年给年轻人在他感兴趣的领域集中研修。伊朗上述中学教学计划的修改是为了让高中生更好地适应社会的变化，但也只提供了一种权宜之计，在改变传播知识方法及与生活的联系方面，几乎什么都没有做。

除了大学无法接受所有高中毕业生，以及不切实际的课程设置，当时伊朗的高中学生自身的社会适应力同样有问题，而农村和城市中等教育的差异则是最严重的问题。

一方面，伊朗高中课程并没有为青年适应他们所生活的社会做好适当的准备。尽管修订了教学计划和课程设置，但仍然不现实。另一方面，在城市的办公室工作，无论多么普通，收入多么微薄，总是带着好名声。高中毕业生通常拒绝从事任何形式的体力劳动，那些已经获得农村地区教学或文书职位的人也不愿意离开城市去就职。除了少数上大学的年轻人外，大多数高中毕业生面临着不确定的未来，无法合理地利用自身的才能和精力。

不仅如此，他们与家人、同龄人、教师和其他社会群体的关系也在发生变化。孩子和父母之间牢固的传统纽带受到了社会现代化的影响。老一辈发现很难理解青少年对西方文学、音乐和电影的喜好。青少年对所读所见的东西的模仿造成了进一步的误解。父母比孩子更相信教育的重要性，因为在传统上，知识带来声望，是获得更高社会地位的垫脚石。出于这个原因，中产阶级的父母更加鼓励他们的后代学习深造，并给予他们物质上的激励。

学生的社会化发展还体现在学校的交往活动上。学校为锻炼学生的人际关系提供了一个场所。来自各个社会阶层的年轻人聚集在一起，一些旧的等级和阶级障碍正在慢慢消失。与他们的父辈相比，现在的年轻人有更多的机会结交异性朋友，但是因为还没有男女同校的高中，所以相对受限。师生关系也比较刻板，在大多数学生看来，教师代表着一种陌生的力量，如果学生想通过考试，就必须设法争取这种力量。出身上层社会的学生可能通过影响教师、校长甚至地方官员来获得满意的成绩。中产阶级家庭出身的学生只有努力学习才能成功。少数进入高中的下层社会的孩子大多数时候都是受到胁迫而内心压抑的。整个学校呈现一种冷漠的氛围，教师往往对下层孩子的问题不太重视。

在教师方面，教师的生活同样不太幸福，虽然这一时期教师人数有所增加，但这一增长与学生人数的增加没有多少关系。在大城市特别是德黑兰等地的教师，会被分配教一个 50—75 人的班级，这种情况下教师不可能悉心指导每个学生。在另一些地区，教师习惯从字母表开始教学，学生根本就没有机会被提问和练习。教师与同事和教育行政部门的关系是稳定的，彼此态度是友好的，但他们没有分享教学经验的习惯。行政管理方面，尽管多年来已经成立了一个高中教师委员会来处理教师和教师、教师和校长、教师和学生家长、教师和学生之间的不满，但教师个人与教育行政部门几乎没有联系，教育部也出版了一份针对高中生的信息周报，但里面的新闻多于教学指导。

当时的伊朗有四分之三的人生活在农村地区，然而，农村孩子上中学的人数远远少于城市孩子。多种因素造成了教育不平衡，最重要的是日益增长的城市化和随之而来的教育需求。在城市地区，私立中学为满足日益增长的对中学的需求出现了，仅设拉子地区，21 所高中就有 11 所是私立高中，全市约 6 000 名高中生中有近 4 000 人上私立高中。国家缺乏发达的通信和交通系统，加剧了城乡之间的差异，教师不愿意放弃城市舒适和现代化的条件，而去乡村过艰苦的生活。当时伊朗约 7 500 名高中教师中，有 2 044 人居住在德黑兰及其周边。[1]

严格来讲，二战后的伊朗需要更多的高中，尽管政府正在努力改善，但学校不足也是事实。很多学校的建筑设计不适合现代教学，尤其是人口较少的地区的学校。科学实验室少，设备不完善，图书馆缺乏文学和科学

---

[1] REZA A. Education and social awakening in Iran 1850-1960[M]. Leiden: E. J. Brill, 1962: 57.

书籍，体育设施需要大大改进。中学的各种学生俱乐部更倾向于提供纯粹的娱乐，而没有与学校的教学计划整体协调一致。唯一的成就是伊朗教育部在推广使用现代视听教具和图书馆建设方面取得了一些进步。

（三）高等教育

巴列维王朝时期伊朗高等教育的突出成就是德黑兰大学的建立。20 世纪 20 年代，恺伽王朝的覆灭和礼萨·沙的崛起加强了国家中央集权，并启动了新一轮为国家服务的教育改革。虽然伊朗已设立了一些高等学校，但它们彼此独立，有的属于教育部，有的属于其他部委。1927 年，伊朗共有 7 个学院（或高等教育研究机构），即法律学院、药学院、文学和理学院（包括教师培训学院）、神学院、军事学院、农业学院及兽医学院。1934 年颁布的《教育法》把原来隶属于教育部管理的所有学院合并为一所大学——德黑兰大学，置于一个行政主管——大学校长的管理之下。大学由 12 个学院组成，包括医学院、药学院、口腔学院、工程学院、理学院、文学院、法学院、师范学院、农业学院、兽医学院、美术学院和神学院。此外，还有一所高级助产学校和一所护理学校，由医学院直接管理。

大学的行政领导权归校长和大学参议会，参议会由各学院的院长和每个学院的两名教授组成。1943 年之前，大学参议会的职能受到很大的限制，推举校长必须得到教育部部长和国王的双重批准。此外，教育部部长还负责对大学参议会成员提出任职要求，且有权任命学院院长，决定大学的预算，监督资金的使用和分配。

1943 年，大学校长向国王申请行政自治，请求得到了批准。三年后，大学寻求从教育部获得财政独立，也得到了认可。而后，大学参议会可不经教育部部长审批推选自己的校长。但这只是暂时的。1953 年 8 月摩萨台政权垮台后，议会通过了一项法律，规定校长的任命必须得到教育部部长和国王的批准。后又改为大学参议会可以推荐三名候选人，由教育部部长选出一名，国王最后批准。

校长的任期为三年，作为学校主要负责人和大学参议会主席，他代表大学出席政府议会和其他正式活动。他还负责编制大学预算和任命大学的行政官员。协助他工作的包括副校长、办公室主任、人事部门主任、总会计师、协调国际关系与出版的主任、学术委员会主任等。在巴列维王朝时期的伊朗，大学校长是一个重要的政治职位，有可能成为做首相的阶梯。

学院也有一定的自治权。每个学院都有自己的委员会，由院长、助理院长和若干正教授和副教授组成。他们负责组织各种单独的入学考试，保存学生档案，并制定具体的学生行为守则。学院可以初选工作人员，但最终聘用必须得到大学参议会的批准。在学院课程改革和新研究领域探索等问题上，参议会也拥有最终决定权。

当时所有学院的课程都是仿照法国的课程体系设置的。设计者没有认识到，课程是文化的产物，把它从一种文化转移到另一种文化会产生种种不适应。因此，课程没有反映伊朗普遍的社会需求和特殊的需求。缺乏普遍的社会需求意味着学院课程设置和社会需求脱节，换句话说，就是伊朗具体的教育目标和一般培养目标脱节。缺乏特殊的需求是指各种课程前后脱节，与学生生活脱节。每个教学单元都有自己内在价值，但与其他教学内容互不关联，既没有逻辑上的联系，也没有心理上的联系。这种没有形成合力的教育不能促进学生智力的发展。

希望进入德黑兰大学的学生必须有高中文凭，并在其所选择学院组织的竞争激烈的笔试中取得较好成绩。由于德黑兰大学和省属学院只能录取三分之一的申请者，所以竞争非常激烈，家庭地位在录取过程中往往起到一定作用。1937 年德黑兰大学的学生总数仅为 2 000 人 [1]，而 1958 年其学生总数达到了 9 321 人，且在校学生中有 998 名是女生 [2]。

德黑兰和各省高等院校数量的增长主要缘于政府部门的扩张和中产阶级的需求。伊朗高等院校毕业生的增多说明了同样的趋势。表 3.2 是 1923—1958 年伊朗高等院校毕业生情况。

表 3.2　1923—1958 年伊朗高等院校毕业生情况 [3]

年份	毕业生人数	每年平均毕业生人数
1923—1939	1 908	约 119
1939—1954	9 142	约 609
1954—1958	2 113	约 528

这一阶段，伊朗高等教育在地方各省也取得了进展，特别是在医药和农业领域。然而，这些新建大学普遍存在设施不足和师资不足的问题。

四、伊斯兰共和国时期的教育

（一）基础教育

伊朗伊斯兰共和国建立后，用伊斯兰价值观作为指导思想对学生进行教育。在培养目标上，通过伊斯兰教相关内容的教育，发掘学生潜在的美

---

[1] Ministry of Education. Annual report [R]. Tehran: Ministry of Education, 1937.

[2] University of Tehran. News bulletin and annual report [R]. Tehran: University of Tehran, 1958.

[3] REZA A. Education and social awakening in Iran 1850-1960[M]. Leiden: E. J. Brill, 1962: 28.

德，增长他们的见识，使他们能够真正将伊斯兰价值观内化到他们的言行举止中，进而实现学生的全面发展。

在中小学的课程改革中，最明显的是增加了伊斯兰教的相关课程及学时。在学习内容上，加大了伊朗传统文化的相关内容，增加了大量伊斯兰价值观的内容，重新添加了阿拉伯语的学习要求；在学时上，小学和初中波斯语课程为 412 课时。[1] 社会课程主要涉及如家庭、社会团体和社会化等内容，以及关于不同的政治制度等政治议题。总之，在伊朗中小学教育方面，伊斯兰教相关内容成为重要的教育教学内容，依据学生不同的年龄和性格来培养他们的伊斯兰价值观以及所需的技能，以使学校教育为伊朗的民族发展奠定基础。[2]

（二）职业教育

伊朗的职业教育与伊朗的近代化教育同时起步。伊朗伊斯兰共和国建立后，政府对教育的重视以宪法形式肯定下来，成立了职业技术指导委员会。第二个五年计划期间，伊朗把发展职业教育纳入全国教育发展的重要内容，同时提出到 1999 年，职业教育发展规模必须达到年培养 3.5 万名技术员，年职业培训人数 12 万人的目标。政府还提出在中等教育阶段，使职教与普教在校生之比在第二个五年计划结束时达到 1：1。在发展规模的同时，伊朗政府还使职业教育成为终身教育体系的有机组成部分，使职业教育与高等教育相沟通，让职业学校的毕业生经过努力可以升入高等学校。[3] 随着伊朗由传统经济向现代化经济和由能源经济向多元化经济的"双重转型"，2006 年伊朗开始实施职业教育"迁徙计划"。该计划通过政府政策和

[1] SAEED P. Education in the Islamic Republic of Iran and perspectives on democratic reforms [M]. London: Legatum Institute, 2012. 4-5.

[2] 白娴棠. 神圣与世俗的融合：土耳其与伊朗中小学的宗教教育实施现状 [J]. 世界宗教文化，2016（5）：57.

[3] 曾子达. 伊朗职业技术教育的改革与发展 [J]. 职教论坛，1995（2）：49.

财政支持，吸引城市剩余科技人员到农村，帮助农民提高生产技术，缩小贫富和城乡差别，实现民族安全。

《伊朗伊斯兰共和国宪法》（1979 年颁布）明确规定：政府尽一切努力和能力为全民提供免费教育和体育设施，并进一步简单化和普及高等教育。

伊朗第二个五年计划第 62 条提出：需要提供必要的设施让学龄儿童入学，并让 40 岁以下的不识字人群参加相应的课程。根据第四个五年计划，教育部规定义务教育包括小学和初中阶段，虽然高中阶段并非义务的或强制的，但在公立学校都免费。伊朗推行的第六个五年计划提出提高劳动力市场效率来推动改革，促进非石油行业发展。此外，该计划多次提到要使金融部门现代化。这些目标的实现，为职业教育进一步发展提供了机遇。

《教育部与其他部委、组织合作法》（1992 年颁布）强调，充分利用其他资源办教育，将教育责任延伸至其他部委和组织，以此方式来发挥其他组织的能力。目前，伊朗教育部负责中小学教育的管理；科学、研究与技术部，健康与医学教育部，文化部，石油部，农业部等分别负责相关类型教育的管理；劳动和社会福利部负责非正规职业教育与培训，并由其下属的技术与职业培训组织负责实施。

1993 年，伊朗颁布《成人学校和示范性公立学校法》，该法律促进了伊朗职业教育的发展和教育程度的提高，尤其是非正规教育培训，也促进了全民教育的发展。当前，伊朗全国有数百个公立培训中心、上万个私立培训学校，还有其他边远地区的移动培训队伍、企业培训和教师培训中心，培训业界（如工业、农业和服务业等）需求的技术人员。

伊朗高等职业教育包括技术大学和地区职业教育中心，由职教组织负责管理。据 2002—2003 年的数据，伊朗共有 143 所职业教育类大学，约 13 万学生，一般为 2 年的课程，涵盖 40 个领域，毕业生可获得技术人员副学士学位。[1]

---

[1] 罗欢，王冰峰. 伊朗职业教育的现状与发展趋势 [J]. 深圳职业技术学院学报，2018（3）：84-85.

（三）高等教育

伊朗伊斯兰共和国建立后高等教育发展历程可分为起步阶段、发展与科技创新阶段、反危机与战略性阶段。

1．起步阶段（1979—1988 年）

1979 年 6 月 13 日，伊朗伊斯兰共和国建立之初，伊朗政府宣布所有大学关闭三年，在全国大学实行文化革命。由"大学革命委员会"来执行文化革命的有关政策，政府将美术和文化部、高教部和文化遗产部进行重组。高等院校课程和教育规则设计、大学教师和人才队伍的选拔和建设都由该委员会组织进行，改变了过去大学的教育模式。

2．发展与科技创新阶段（1989—2017 年）

从 1989 年开始，伊朗政府对教育政策和法规进行修订和规范化。1990年，完善了初等教育、中等教育和高等教育制度。2004 年 12 月，伊朗国家最高教育委员会和教育部等机构针对教育发展中的突出问题和薄弱环节，立足基本国情，以培育人才、造福人民为目标，制定了《伊朗国家教育发展愿景目标（2005—2025 年）》（以下简称《愿景目标》）。《愿景目标》提出伊朗高等教育改革与发展目标以国家利益为导向，教育发展的重点在于创新性、专业性；注重以德为先，使学生牢固树立伊斯兰世界观和价值观，形成爱国意识；通过加强现有教学方法和引进发达国家新的教育技术，提高高等教育质量；加强就业因素在评估高等教育质量中所占的份额等。

3. 反危机与战略化阶段（2018 年至今）

2018 年 5 月 8 日，美国重启对伊朗的经济制裁。由于美国采取了对伊朗经济领域的全方位制裁，这导致伊朗教育部门实际支出减少，教育发展难度增加。为了解决教育经费困难，克服危机带给教育的一系列问题，确保各级教育的正常运行，伊朗政府出台了一系列国家战略。其中，针对高等教育发展提出：要保障教师工资收入不受影响；加强教育基础建设；促进教育的可持续发展。战略化阶段的高等教育改革按照《愿景目标》提出的任务和要求，进一步完善、规范高等教育质量评估体系，确保高等教育在经济社会发展和提升国家软实力方面发挥重要作用。[1]

第二节 教育人物

伊朗古代教育也包含丰富的教育思想，各个历史时期的哲学家、思想家以及社会贤达都发表过自己的教育观点。

一、安萨里的教育思想

安萨里（1058—1111）在 1106 年用波斯文写的《宗教科学的复兴》中强调了感官的重要性、成人行为的意义、环境的影响、奖励和惩罚的影响、动机和习惯在学习中的作用。安萨里认为人最重要的品德应该是理智、勇敢、纯洁和公正。处理万事以"适中"为止，走向偏狭的两极，都不是美

---

[1] 王锋，郑晓婷，孟娜. 伊朗高等教育现状与特点研究 [J]. 比较教育研究，2019（12）：31.

德。他指出，美德和劣行的区别在于知识，知识的取得要通过逻辑。逻辑学的作用在于掌握知识，掌握了知识才能得到真正的（现世）幸福。品德的培养靠知识和教育，必须从小开始，对青少年的道德培养是建立健康社会的重要组成部分，这种培养是多方面的。教育的目的首先是培养人的高尚道德，其次是才能，而不是为了取得名利。

二、纳绥尔丁·图西的教育思想

纳绥尔丁·图西（1201—1274）生于宗教法官家庭，自幼受到良好的宗教和文化教育，博学多识，通晓多种语言，谙熟伊斯兰教经典和教义。他在伦理学中提出了教学的心理学基础，并强调在选择职业时需要考虑儿童的本性。作为儿童教育的倡导者，他相信性格培养和尊重孩子天性的重要作用。

三、凯·卡乌斯的教育思想

凯·卡乌斯因用波斯语写成一本十分出名的著作《王公之镜》而闻名遐迩。在 11 世纪，凯·卡乌斯论述了家庭、教师和同伴在儿童成长中的重要作用。为了高贵地生活，他提倡儿童应该学习一门技术或手工艺。他认为性格培养、良好的人际关系、职业培训和休闲娱乐是优良教育不可或缺的组成部分。

第四章 学前教育

　　伊朗学前教育在曲折中不断进步，从伊朗萌生学前教育思想到当下学前教育的体系化发展，经历了从传统到现代的深层次变革。在其历史发展的进程中，逐渐形成了伊朗本土学前教育发展的一些独有特征，主要有重视学前儿童的社会道德教育、注重学前教育与基础教育的有效衔接、强调波斯语的推广、学前阶段的儿童受教育权利不平等。与此同时，伊朗学前教育在不断改革、发展的过程中，逐渐积累了一些对本国学前教育发展有益的本土化经验，如注重培养学前儿童学习和传承伊朗的传统文化，鼓励伊朗学前教育私立机构扩展规模，扩大学前儿童入园比例，学前教育阶段关注与关怀儿童中的"较不利者"，加强发展特殊儿童教育，重视家庭对学前儿童的影响等。当然，伊朗学前教育在发展的过程中也面临着诸多的挑战，需要伊朗政府及相关管理部门加以合力解决，以促进和推动伊朗学前教育的稳步均衡有序发展。

第一节 学前教育的发展和现状

　　从古至今，伊朗人无不崇尚经典古籍中的智慧，无不坚信教育的力量。家庭教育和宗教活动历来是伊朗幼儿接受教育的主要途径，幼儿通过参与家庭劳动、宗教活动，学习必要的生活技能和社会行为规范。在伊朗现代教育体系中，学前教育并非学校正规教育的必要组成部分。因此，幼儿是否接受学前教育政府一般不做强制性规定。但近年来，伊朗政府愿意将学前教育作为扩大人力资本的一部分加大投入力度。同时，伊朗国内越来越多的家庭已然意识到学前教育对幼儿未来的学业成就具有积极影响。这些向好因素有助于推动伊朗学前教育的稳步发展。

一、学前教育的发展

20世纪初，伊朗萌生了较为正规的学前教育，进入学前教育的萌芽期。但是，受制于政治、经济等方面的影响，处于萌芽时期的伊朗学前教育发展进程十分缓慢。1919年，伊朗开始兴办第一批幼儿园，这批幼儿园主要是由基督教传教士兴办的私立幼儿园，幼儿园主办人员并非伊朗本土人，此时学前教育的对象仍然是贵族富家子弟，普通人没有入园资格。

1925年，礼萨·汗建立巴列维王朝。巴列维王朝逐步建立起国民教育体系，使教育不再是精英阶层的特权，普通人也能享有受教育权。巴列维王朝的教育采纳了法国的教育体系。政府尝试通过多种方式刺激教育发展，伊朗学前教育在这一时期也迎来了发展的"春天"。

随着伊朗教育改革的推进，伊朗学前教育进入发展期，且发展进程逐步加快。伊朗学前教育发展期间，私立幼儿园不断增多且发展态势良好。政府也意识到学前教育的价值所在，开始支持学前教育事业发展。此时，由政府出资设立、批准了幼儿园规范化运营法案，并于1931年，在首都德黑兰颁发了第一个幼儿园许可证。在幼儿园数量及学前教育生源数量不断扩大的情况下，伊朗政府开始关注幼儿园教师质量，并出资建立幼儿师资培训中心，专门负责培训幼儿教师。在1943—1953年，由政府建立的幼儿师资培训中心培训注册的师资数量，从最初的 1 874 人增长至 5 346 人。1961 年，伊朗政府开始建立公办幼儿园，这标志着伊朗学前教育进入规范化发展时期，更意味着伊朗教育公平的进步。尽管最初的幼儿园设立在政府部门内部，主要目的是用来缓解政府部门女性员工的工作与育儿压力。但公办园的出现表明，将有更多低收入阶层的儿童可以有机会享受学前教育，从此迈入正规教育的"殿堂"，进一步接受初等直至高等教育。

在伊斯兰革命之后，伊朗逐步建立起伊斯兰特色的教育体制。然而在伊斯兰共和国建立初期，学前教育曾遭遇挫折，许多学前托管中心因失去生源而被迫关闭，学前教育登记在册的人员数量急速下滑。此后不久，两伊战争爆发，人民生活大不如前，经济、教育等各项事业的发展受阻，学前教育在此过程中也受到了重创。

二、学前教育的现状

伊朗现行的教育制度于 20 世纪 90 年代初开始推行。在推行过程中，无论是教育阶段的划分，还是中小学教学制度，都较以往的教育形式有所变化。就现行的伊朗学前教育模式而言，伊朗学前教育的对象一般是 5—6 岁幼儿，对其开展为期一年的非强制性的教育教学活动。伊朗学前教育的主要目的在于，为幼儿进入小学阶段的学习做好准备，为幼儿理解科学概念、掌握波斯语奠定基础。同时，帮助幼儿树立正确的道德观念，促进幼儿身体、心理、情感和社会适应能力的发展。需要说明的是，在伊朗，学前教育并不是正规教育的必要组成部分。但近年来，越来越多的家长认为，学前教育可能会增加孩子未来接受正规教育时成功的机会。同时，政府也越来越看重学前教育，并愿意将学前教育作为人力资本投资的一部分。因此，种种迹象预示着伊朗学前教育将取得新的进展或在某些方面取得发展。

就目前而言，伊朗学前教育的基本状态可以从以下几个方面加以探寻和认识。

（一）学前教育的教学改革

20世纪70年代早期开启的教学改革逐步明确了伊朗学前教育的发展方向。1970年的幼儿园章程中明确规定了伊朗举办学前教育的一系列目标。其一，帮助伊朗儿童在道德、身体、社会和个人情感方面获得全面发展。伊朗学前教育强调培养儿童的社会能力和情感发展，这与伊朗自身所面临的经济和政治形式有一定关系。其二，培养儿童健康强壮的体格，为进入小学做准备。其三，培养和发掘儿童的天赋和才能，为今后的成长提供方向性的引领。这一目标表明，伊朗较为注重从儿童时期就开始的英才或者说是天才教育的引领。其四，帮助儿童掌握基本的知识，为儿童进一步发展自身的爱好和兴趣做好准备。其五，为在贫困和双语地区的儿童学习创造必要条件。其六，改善低收入水平家庭的教育，并提升儿童能力的培养。学前教育阶段教师以《学前教育中心的教育内容和教学方法》为教学指南，开展以语言教育和数学、科学教育为主，艺术教育、健康教育、社会教育为辅的多种教育活动，从而促进幼儿的多方面能力发展。其中，艺术教育的教学活动内容较为丰富，有手工艺品制作、剪切与印刷、戏剧、绘画等。同时，《学前教育中心的教育内容和教学方法》在每个教学单元中，都明确指出本单元的教学目标及基本活动内容，并且在活动设置、观察评估幼儿表现等方面给予支持和引导。

（二）学前教育招生现状

联合国教科文组织统计结果表明，伊朗从1990年至2000年儿童整体入园率显著升高。截至 2004 年，伊朗有 4 000 多所幼儿园共接受超过 25 万名幼儿，幼儿教师近 9 000 人。[1] 近年来，伊朗政府大大扩展了早期儿童教育项目，在学前儿童入学率这一指标的评价标准上已居中东国家首位。倘若进一步分析原因，无疑在于两个方面。首先是政府重视。近年来伊朗政府鼓励公立小学开办幼儿园，在学前教育阶段重点解决幼儿语言问题，以便为幼儿顺利进入初等教育奠定基础。其次是国民需求。随着生育率的下降，父母对儿童教育投资反而增加，这种以教育质量代替孩子数量的思想转变，不仅使越来越多的家长关注正规教育，而且也提高了家长对儿童早期教育的关注与投资。

（三）学前教育受教育权利

伊朗对于学龄前儿童较为重视。伊朗的幼儿园和小学低年级幼儿均由校方派车提供家校往返接送服务。如果幼儿送抵时家里没有人，校方是不能放下幼儿擅自离开的，必须当面把幼儿交给家长。[2] 这一做法较为充分地体现了伊朗对学前儿童的关注。但另一方面，伊朗学前教育阶段仍然存在诸多不公平的问题。在伊朗，并不是每个伊朗人都享有接受学前教育这项权利，即使有免费学前教育，但对于没有出生证明，或是生活在极度贫困家庭的幼儿，也会因为无法支付学校的其他相关费用，从而失去受教育权。在现实生活中，尽管在法律上公立学校不能收取任何注册费用，但实际上一些学校仍要求支付一些相关费用，这无疑为极端贫困家庭的子女受教育造成了诸多阻碍。此外，公民对自己的法律权利缺乏认识，对受教育的重要性也缺乏认知，这些加剧了贫困家庭幼儿受教育程度低的状况。因此，家庭贫困的幼儿几乎没有机会走进正规的学前教育机构接受正规化的学前教育。

---

[1] 王忠民. 幼儿教育辞典 [M]. 北京：中国大百科全书出版社，2004：1346.

[2] 田端惠. 走进伊朗 [M]. 北京：当代世界出版社，2017：119.

第二节 学前教育的特点和经验

一、学前教育的特点

（一）重视社会道德等教育

伊朗伊斯兰共和国是世界上收容难民最多的国家之一，这与伊朗社会自始至终较为重视社会道德教育有着千丝万缕的联系。伊朗伊斯兰革命之后，用伊斯兰价值观作为指导思想对儿童进行教育。在培养目标上，通过伊斯兰教相关内容的教育，发掘儿童潜在的美德，增长他们的见识，使他们能够真正将伊斯兰价值观内化到他们的言行举止，进而实现其自身的全面发展。[1]

伊朗学前教育还有一个基本理念：没有自由和快乐的教育不适合培养好的个人。伊朗学前教育的学制一般只有 1 年，虽然时间较短，但注重引导幼儿从小树立"快乐"和"自由"的观念。

（二）注重学前教育与基础教育的衔接

儿童从五岁或者六岁开始接受学前教育，持续一年。这一阶段并不属于义务教育，由家长自主选择。伊朗学前教育注重与义务教育的有效衔接，儿童接受一年的学前教育后就直接进入小学一年级学习。伊朗学前教育主要为私人机构承担，其学前教育的目标明确地认定为为了顺利进入小学而

---

[1] POUR M J, GOLESTANI S H, SAADATMAND Z. Assess the achievement of intended objectives Islamic education curriculum on the seventh grade of Iran's elementary schools[J]. Kuwait chapter of Arabian journal of business and management review, 1993(3): 64-65.

做准备。由于不属于义务教育，是否进入幼儿园主要取决于家长的选择。因此，学前教育的入园率并不高。例如，在 1992 年，伊朗适龄儿童在学前教育机构的总人数为 17 万人，粗略估计，适龄儿童入园率仅有 18%。从学前教育的目标中可以看出，伊朗学前教育注重与伊朗基础教育的有效衔接，并努力为儿童进入基础教育阶段的学习做好准备。

（三）强调波斯语的推广

根据《伊朗伊斯兰共和国宪法》第 15 条，波斯语是伊朗官方语言和标准书写系统，是全国人民的通用语和教学用语。官方文件、信件、文本和教科书必须使用波斯语。显然，波斯语作为唯一的官方语言，与伊朗人的国家认同密切相关。[1] 因而，在学前教育阶段就做好学习和推广波斯语的工作势在必行。伊朗的小学教育注重推广波斯语，减少英语的使用和推广。而学前教育为了与小学教育更好地衔接，必然注重推广波斯语，禁止使用英语开展学前教育活动。当然，伊朗之所以在学前教育阶段强调波斯语的学习和使用，主要的原因还在于以下两个方面。其一，强调波斯语的推广和使用与国家认同深度相关。其二，学前教育阶段，也就是 5—6 岁的年龄阶段是幼儿语言发展的关键期，注重波斯语的训练和推广，有利于幼儿夯实语言基础。

（四）受教育权利仍旧不平等

受到经济、军事和社会环境的影响，伊朗儿童的受教育权利仍然不平等、不公正。例如，许多孩子没有身份证件，没有出生证明，这些孩子生

---

[1] 王玮. 伊朗教育现代化与挑战 [J]. 现代教育论丛，2019（3）：47-54.

活在极度贫困中而无法享有受教育权。一些伊朗公民对自己拥有的权利缺乏认识，对生活中教育的重要性也缺乏认识。此外，尽管法律规定公立学校不应该收取任何注册费用，但实际上这些学校仍然要求学生支付一些费用来帮助学校发展。这为极端贫困家庭的孩子受教育造成了障碍。联合国教科文组织指出，伊朗没有立法规定学前教育免费，儿童辍学的主要原因是贫困和残疾。公立幼儿园经常向家庭施压，要求他们支付儿童上学的费用，即使面对经济困难的家庭也不做出让步。这一做法影响了幼儿的受教育权。

二、学前教育的经验

（一）注重培养儿童学习和传承传统文化

伊朗是一个拥有两种文化传统的国家：一是琐罗亚斯德教文化传统，这是伊朗的根；二是伊斯兰教文化传统，这是伊朗的血脉，也是伊朗的精神根基和教育的基础。这两种文化传统都已得到伊朗社会的普遍认可，伊朗意识在伊朗文明与阿拉伯文明的互动过程中得以强化，波斯文化的核心要素得以保留。伊朗的传统文化和其他文明的介入与融合共同形成了"伊朗化"的传统文化组成元素。伊朗传统文化之所以受到重视和认可，离不开历史的积淀，伊朗独特的历史使得传承伊朗传统文化成为一种传统。而这种传统在伊朗学前教育阶段就已经开始有意识地进行培养。随着伊朗教育改革的推进，伊朗教育也面临着实现本土化建构的问题。所以，伊朗在学前教育阶段就逐步找寻"根脉"，汇入有机传承传统文化的元素。例如，学前教育的学习领域包括古代哲理思想、《古兰经》、伊斯兰学、波斯语言和文学等一系列与伊朗传统文化有关的内容，并逐渐形成对学前儿童潜移默化的影响。

（二）关注儿童中的"较不利者"

伊朗学前教育重视"较不利者"儿童的教育情况。此处的"较不利者"儿童的教育主要是指：需要关照的有特殊需要的儿童的教育，要对特殊儿童实施免费的教育，重视对有特殊需要的学前儿童提供适当的教育。伊朗关注的有特殊需要的儿童的教育主要包括残障儿童的教育、游牧民族儿童的教育、难民儿童的教育、外国儿童的教育等。例如，对于残障儿童的教育而言，伊朗很早就开始为不同类型的残障儿童开设专门的学校，并指定教育部下属的特殊教育组织负责。为残障儿童开设的学校主要有七类，包括视力障碍学校、听力障碍学校、智力障碍学校、行为异常障碍学校、学习障碍学校、肢体不全生学校、多重障碍学校。这些学校分为走读和寄宿两种，当然也有一些残障儿童会在普通学校就读，这些学校会聘请专门的残障儿童指导教师来负责残障儿童在学校期间的学习和生活。[1] 教育部特殊儿童教育处负责设计、指导、评价特殊儿童的教育工作，幼儿园对特殊儿童的教育是免费的。根据儿童的具体情况决定入园的年龄和在园的时间：5—9 岁视觉障碍儿童在园的时间为 1 年，4—8 岁听觉障碍儿童在园的时间为 2 年，6—10 岁心理问题儿童在园时间为 3 年。伊朗还强调通过电视、广播向父母普及儿童心理学、教育心理学的知识，以提高父母的教育能力。[2]

（三）家庭教育对学前儿童影响显著

伊朗的学前儿童有更多的时间在家中度过，家庭是孩子接触语言并有机会观察文字、发现文字和参与识字以探索文字并发展识字技能的第一个地方。儿童在家中与父母之间互动的经验、态度和材料对儿童的识字有重要影

---

[1] 陆瑾，张立明. 伊朗：东西方文明的结合点 [M]. 香港：香港城市大学出版社，2011：164.

[2] 王忠民. 幼儿教育辞典 [M]. 北京：中国大百科全书出版社，2004：1347.

响。接触书籍、期刊、报纸和其他印刷品会直接影响儿童阅读学习的发展。家庭识字环境更好的孩子在幼儿园和小学的阅读知识和技能水平更高。在伊朗，有很大一部分学龄儿童是在家庭环境中接受教育，家庭环境对学前教育有深远的影响。因此，伊朗为加强住家护理儿童的家庭教育效果采取了若干措施，包括开设求助热线、举办育儿讲习班等，以减少虐待儿童的情况。2001年，伊朗建立了住家护理资源中心，用以提高父母的育儿认识和技能，从而为儿童包括特殊儿童的学习和成长提供良好的家庭环境。

第三节 学前教育的挑战和对策

一、学前教育面临的挑战

（一）幼儿园教育质量参差不齐

公立幼儿园数量不足，国家发展学前教育缺乏支撑力度。政府最初设立公办幼儿园不是为了增加伊朗学前教育的机会，而是因为随着伊朗生育率的下降，中小学生源不足，进而导致中小学教师供过于求。为了保住教师的岗位，减缓教师的失业率，在公立学校开设了幼儿园班。因此，从出发点来看，政府就没有将学前教育作为官方责任和义务加以有计划、有秩序地开展。从而导致公立幼儿园建设困难重重，而私立幼儿园则费用昂贵。缺少学前教育机构的支持，学前教育质量存在显著问题。

目前除了私立幼儿园，伊朗至少存在四种公立性质的幼儿园。第一种是政府出资主办的公立幼儿园，向公众免费开放，然而此类幼儿园数量很少。第二种是行业举办的幼儿园。伊朗《国家劳动法》第78条规定，行业应为公司和工厂雇员的子女提供保育服务。这类幼儿园是与劳动和社会福利部合作建立的，一般设在工作地点附近，这使得父母可以在休息时间探望和照料他们的孩子，并且能够看到他们的孩子是否得到很好的照顾。运营费用由行业补贴，因此学费通常低于私立幼儿园。当然这样的幼儿园数量也很少。第三种是为底层经济困难者设立的公共保育幼儿园。公共保育幼儿园由国家福利组织设立，为贫困和弱势父母的孩子提供保育服务。这些幼儿园数量稀少，通常处于高度贫困地区，获得的资金和资源很少，教学和服务质量无法与私立幼儿园相比。第四种幼儿园为宗教幼儿园。在这些幼儿园中，孩子们唱歌，并通过游戏学习社交技能。

伊朗的幼儿园机构种类较多，虽然使得机构数量在短期内得以快速增长，但是其质量参差不齐，需要有效的治理和规制，才有可能使伊朗学前教育在保证总量基础的前提下实现较高质量的发展。同时，之所以会出现种类繁多的学前教育机构，且公立幼儿园只在其中占有很小的比重，是因为国家还缺乏建设公立和半公立半私立幼儿园的意识和能力。因此，政府应在条件允许的情况下，加大对学前教育的关注和投入，保证学前教育的稳步发展。

（二）幼儿教师处境艰难

伊朗约有一半的幼儿园在农村地区，这些幼儿园通常是"半私营化"的，即只能够得到政府一部分补贴，其余主要来自家长为儿童支付的学费。因为经费不足，所以很难招到幼儿教师。符合学历要求的幼儿教师又更倾向于在大城市就业。因此，伊朗学前教育，特别是农村地区的学前教育，极度缺乏符合学历要求的教师。

幼儿教师的社会地位、经济地位比较低。一方面幼儿教师的雇主不需要遵守劳工部的规定，如提供保险或工资不低于最低工资标准。另一方面伊朗幼儿教师的资格要求却很多，如要具备与六岁以下儿童交流的能力、适当传授《古兰经》的能力等。幼儿教师还必须获得相关领域的副学士学位，并获得劳工部的资格许可。在对幼儿教师提出较高要求的同时理应切实保障其合法权益，但却没有做到。这也是伊朗学前教师数量短缺的原因之一。

（三）学前教育经费投入不稳定

学前教育经费投入占政府总支出比例的高低，不仅能在一定程度上反映国家的经济水平，也能反映国家对学前教育的重视程度以及学前教育的发展水平。伊朗在学前教育的经费投入占政府总支出比例与同为"一带一路"沿线的其他国家相比，处于较低水平。但其实伊朗的经济状况在一定程度上要优于"一带一路"沿线的其他国家。伊朗学前教育经费总投入也处于不断变化中，2003—2006 年，伊朗学前教育经费投入上涨，但 2013 年又急速下降。[1] 这说明伊朗对学前教育经费的投入不够稳定。总体而言，伊朗政府对学前教育的经费投入力度仍有欠缺，经费支持存在不稳定性。

二、学前教育的改革对策

儿童早期教育被证明能对儿童发展产生持久性的改善，从本质上讲，它会促进幼儿各项技能的早期发展。高质量的幼儿教育是未来公民发展的关键要素之一，也是伊朗未来国家经济进步的人才保障基础。伊朗教育管理部门有必要寻求有效的方法提升伊朗学前教育的质量，为伊朗人才的培养奠定基础。

---

[1] 霍力岩，孙蔷蔷. 中国与"一带一路"沿线国家学前教育发展的比较研究 [J]. 现代教育论丛，2016（4）：57-67.

（一）保障幼儿教师合法权益，建立健全学前师资队伍质量保障体系

伊朗学前教育师资之所以在数量和质量上都面临较大的压力，其根本的原因在于，学前教师的薪酬待遇不高，社会地位较低，其合法权益得不到保障。而发展幼儿教育事业，推动幼儿教育的普及，鼓励幼儿园开展运营模式改革，保障改革在教育一线的落实，则需要幼儿师资队伍的壮大和教学质量的提升。因此，还必须把"强师"放在学前教育事业发展的重要战略地位上，逐步建立初等师范学校培养体系、在职教师培训体系，促进学前教师教学水平的提升，形成有效帮助学前教师更新专业知识、增强专业能力、提高业务水平以及适应国家需求的保障机制。建立健全学前师资队伍的质量保障体系与幼儿教师水平提升的激励机制，保障幼儿教师的基本合法权益，才能为学前教育优质化发展奠定坚实的基础。

（二）政府应帮助优化家庭教育环境

伊朗家庭教育与伊朗学前教育质量有紧密联系。以提升伊朗学前儿童的读写能力为例，伊朗儿童更多时间处于家庭环境中，其语言、识字能力受家庭环境的影响很大。政府应该参与投资和资助有利于培养幼儿读写兴趣的家庭项目，应该对儿童教育工作者培训给予更多的关注和支持，以便他们能够为儿童提供适当的家庭项目。政府和有关组织应为父母和教育工作者举办讲习班、会议和研讨会，以便对儿童识字和教育的持久成功产生正面影响。[1]

---

[1]　SADR A J, JUHARI R, MANSOR M, et al. Home environment and emergent literacy among young children in Iran[J]. Asian social science, 2015(11): 9.

（三）继续加大学前教育的经费投入

教育作为一项社会公共事业，没有充足的经费支持，无论是教育的基础条件还是"软实力"都无法实现预期发展。因此，伊朗学前教育的发展离不开国家和政府的资金投入。从 1989 年开始，伊朗对教育的治理逐步走向了规范化和法制化。1989 年 7 月，伊朗新宪法中强调要重视教育，其中强调在财政经济支持的前提下普及基础教育，并逐步延伸到高等教育，这就为伊朗学前教育的快速发展奠定了一定的基础。[1] 但按照已经投入的经费来看，明显还不够稳定，需要持续稳定的投入。

---

[1] 王锋，王丽莹. 伊朗教育制度与教育政策研究 [M]. 北京：人民出版社，2020: 65.

第五章 基础教育

第一节 基础教育的现状

一、小学教育

小学教育是整个教育事业的基础，有着举足轻重的地位，为儿童一生的发展奠定基础。伊朗初等教育经历了恺伽王朝时期的"计划"、巴列维王朝时期的"实施"和伊斯兰共和国时期的"实现"。2014年，伊朗小学净入学率达到98.45%，15—24周岁的男性识字率为98.2%，女性识字率为97.4%。[1] 伊朗小学教育的目标是：创造良好的氛围净化学生的心灵，提升学生的道德修养；增强学生的身体素质；培养学生阅读、写作、基础算数的技能和恰当的社会行为规范；提供个人卫生指导，并就在家中以及在社会中的行为举止提供必要的建议。教育目标突出了小学教育的启蒙作用。伊朗教育官员表示："所有教育目标、原则、方法和理论都必须建立在宗教原则的基础上。小学教育的前三年是培养习惯而不是学习知识，他们应该学习如何说话、如何聆听、如何获得许可等。我们的教育系统应该塑造好

---

[1] 王玮. 伊朗教育现代化与挑战 [J]. 现代教育论丛，2019（3）：51.

人，如果没有宗教原则，这个系统也是不完整的。"[1] 伊朗小学一年级开设了波斯语、数学、科学、《古兰经》、体育和艺术课程，二年级增加宗教学习课程，三年级开设社会课程，六年级增加探索研究和技能课程。

二、中学教育

伊朗初中教育的目标：由一般知识传授转变为帮助学生发现和探索专业领域知识，发掘学生的个人偏好和才能，帮助学生找到适合自己的学习方法和专业领域。初中课程增加了外语技能的培养，英语和阿拉伯语加入课程大纲，同时知识性课程更加深入。高中教育阶段，学生分流到不同类型的学校和专业领域，其中普通高中分为文科、理科和实验科三个方向。除公共科目外，还有各领域的专业课程。三年的高中学习，学生每天上课时间为6—8小时，每周不少于35个学时，三年必须获得至少96个学分。[2]每年6月，所有希望接受公立大学高等教育的高中毕业生都要参加全国高等教育统一入学考试。参加考试的高中毕业生人数众多，原因是伊朗所有公立大学都是免费教育。伊朗的高考由全国教育考试中心命题、组织和评分，该组织同时负责海外考试，如托福。考试科目由公共学科和专业学科组成。公共学科包括波斯语、英语和阿拉伯语；专业学科根据不同学科方向分为文科、理科和实验科，其中文科包括波斯语语言文学、哲学、阿拉伯语研究，理科和实验科包括数学、物理（或生物）、化学。一般考试结束一个月后，成绩会公布在教育考试中心网站。每年8月全国各高校的招生计划由科技部发布，学生根据自己的分数选择大学专业。[3]

[1] 王玮. 伊朗教育现代化与挑战 [J]. 现代教育论丛，2019（3）：51.

[2] 资料来源于伊朗教育部网站。

[3] SHAYESTE-FAR P, KIANY G R. Iran's university admission programme at change: policies, prospects and pitfalls from planners'perspectives[J]. Studies in educational evaluation, 2018(56): 112-123.

第二节 基础教育的特点

伊朗基础教育的发展充满了波折和坎坷，但却在不断前进。纵观伊朗基础教育的发展历程，可以发现伊朗基础教育具有以下几个特点。

一、高度中央集权的教育管理

伊朗教育具有高度中央集权的特征，基础教育（包括小学教育和中学教育）由伊朗教育部统一管理、决策和实施，全国实行统一的教学大纲。伊朗教育评分系统基于0—20分制，学生必须获得不少于10分才能通过。伊朗基础教育实行6-3-3学制。儿童在5—6岁接受学前教育，持续一年。这一阶段不属于义务教育，由家长自主选择。小学阶段从6岁开始，学制为6年，中学教育分为初中教育和高中教育两个阶段。小学和初中属于免费义务教育，高中实行免费非义务教育。高中教育分为学术类、技术类、职业类，学生根据兴趣和职业规划选择进入不同类型的学校。学术类高中生经过三年学习，修满学分将获得高中毕业证。高中毕业生参加全国高校统一招生考试后，由伊朗公立大学参照学生分数择优录取，私立大学则可自主组织招生考试。职业和技术类学生可以进入高等职业技术学院继续深造，通过两年的学习获得副学士学位。

伊朗教育管理高度集中，对作为全国教学主要媒介的教科书实行集中编写制度并用于所有学校。学生学习和理解每门课程，测试仅限于每本教科书的内容。换句话说，实现教育目的的唯一媒介就是教科书，教师没有任何机会偏离课程内容。这意味着教师越来越依赖教科书来定义他们所教的内容，学生也采用死记硬背的方式来应付竞争激烈的升学考试。这种死板的教学方式限制了学生的创造力和认知技能。虽然伊朗越来越趋向于更加集中的课程决策，但也能看到政府通过建立地区级委员会，向地方授予更多权力的努力。

二、基础教育改革与国家政治紧密相连

以巴列维国王统治时期为例，巴列维国王在位的 38 年（1941—1979年）是一个权力长期斗争的年代。就巴列维国王的政治地位而言，有三个时期比较突出：从即位到 1953 年穆罕默德·摩萨台垮台的衰弱时代，从1953 年到 1963 年战胜反对派的巩固时期，"白色革命"后的权力巅峰时期到 1979 年巴列维政权的迅速崩溃。回顾巴列维国王统治时期的政治地位的强弱起伏，从中可以看到巴列维国王的权力和民主与自由化进程之间存在着一种负相关的关系：国王权力越强大，自由就越被压制；相反，在国王权力衰弱时期，自由派能够取得一些成果。伊朗高等教育的增长，或多或少地与国王政治力量变化的三个阶段相吻合。义务教育法的修订也体现了这一点。1943 年伊朗义务教育法虽然在修订时颇多坎坷，但最终获得议会的通过。然而在 1974 年，义务教育修订法没有进行任何公开讨论，也没有人提出反对。

这充分说明了伊朗教育改革受制于政治，事实证明，这种情况不利于伊朗教育的发展。一旦国王重新掌权，之前取得的改革成果就可能会付诸东流。此外，教育部工作人员的高更替率（就像大多数其他部委一样）在一定程度上反映了政治发展的不稳定。1941—1947 年，萨迪克五次被任命担任教育部部长这一职位。同样，在巴列维国王统治的最后四个月里，有四名部长被任命为该职位。萨迪克声称，在每一个任期内，政府制定的教育政策与之前相比都会发生变化，当他再次就职时，发现并不认可新的工作人员和新的教育计划。总之，教育改革方案在很大程度上是首先服从政

治，并被压缩成一个不切实际的时间表，教育发展深受政治影响的事实对教育改革的性质及其结果产生了不利影响。[1]

三、基础教育发展同发展中国家的步调基本一致

恺伽王朝末期进行的基础教育改革与当时的国际形势紧密相关。西方列强的入侵、不平等条约的签订，这些都影响了伊朗基础教育改革。巴列维王朝的全盘西化与民族主义的发展，也与欧美列强的影响有关。但是伊朗的基础教育在巴列维王朝及以前一直都是持续发展的，伊朗伊斯兰共和国建立之后，伊朗基础教育经历了近十年的探索，终于在教育现代化之路上迈出了新的步伐。进入 21 世纪，伊朗的经济得到了很大的发展，社会的进步也很快，伊朗与外界的联系逐渐增多，但是伊朗并没有真正实现基础教育的现代化。伊朗基础教育在 21 世纪面临巨大的机遇与挑战。[2]

第三节 基础教育的挑战

一、基础教育发展不平衡

由于主客观条件的限制，伊朗基础教育发展不平衡现象突出，主要表现在：教育空间布局不平衡，城市与农村教育资源分配不均，不同社会阶层所接受的教育质量差距很大。虽然教育部采取了一些措施推动各省教育

---

[1] MENASHRI D. Education and the making of modern Iran[M]. New York: University of Cornell Press, 1992: 158.

[2] 付国凤. 伊朗教育的现代化历程 [J]. 赤峰学院学报（汉文哲学社会科学版），2012（11）：218.

事业的发展，但由于政治、经济和自然环境等因素，教育空间发展不均衡现象仍然存在。最主要的教育资源仍然集中分布在德黑兰和经济发达地区。在伊朗的东部沙漠地区，恶劣的环境阻碍了经济和交通的发展，因此这一地区的教育发展十分缓慢。

1971—1972 年的一项调查显示，90.6% 的受访者（包括大学生）在各省首府（包括德黑兰）学习，6.2% 在其他大城市学习，1.2% 在地区首府学习，只有 2% 在小城镇学习。[1] 伊朗科学与教育研究规划所的调查结果显示，1965—1970 年的学生总人数也存在类似的分布。从上述调查结果可以看出，大城市（特别是德黑兰）和较发达省份的居民在入学方面拥有较大的优势。在不同省份和城乡之间，以及同一城市的富裕和贫困地区之间，也存在着相当大的差距。

在学校建筑、教学设备和教师教育水平方面，德黑兰享有声望的私立学校相对于南部地区的公立学校具有明显优势。由于私立学校的教育标准相对较高，因此在较大的城市提供私立教育比在较小的地区更有优势。在 1973—1974 学年，大约四分之一到二分之一的学生进入私立学校读书。如在设拉子，有 51.3% 的学生选择私立学校，在德黑兰有 35.2%，在马什哈德有 32.2%，在伊斯法罕有 31.0%，在大不里士有 24.6%。而在人口在 5 万—6 万的小城镇，只有 5%—6% 的学生在私立学校读书。[2] 很明显，这使得大城市的孩子在入学方面拥有优势。

此外，工业化程度较高的省份，包括城市人口密集的省份，学生所占人口比例高于全国平均水平。相比之下，有较多农村人口的贫困省份的学生所占人口比例低于全国平均水平。

伊朗中小学教育自恺伽王朝起就开始进行改革，但在经过巴列维王朝和伊朗伊斯兰共和国的改革之后，伊朗基础教育发展仍然非常不平衡。城

---

[1] MENASHRI D, Education and the making of modern Iran[M]. New York: University of Cornell Press, 1992: 258.

[2] 张玉慧. 伊朗巴列维王朝的教育成就与局限性研究 [D]. 重庆：西南大学，2019：50.

市与农村教育资源分配不均，不同社会阶层所接受到的教育质量差异很大，教育中的性别歧视依然存在。

二、基础教育现代化同传统伊斯兰教育矛盾冲突

在伊朗现代化进程中，1979 年的伊斯兰革命被称为是伊朗发展史上的分水岭。新政权推翻了西化的巴列维王朝，伊斯兰思潮通行全国，伊朗政治、经济、社会等方方面面被重新整合到伊斯兰的价值体系之下。

在巴列维王朝时期，伊朗建立了西化的教育体制，其显著的特征是在课程设置、师资力量及培养学生等一系列方面向西方学习。在巴列维王朝时期，"小学二至五年级的波斯语阅读理解和语法课内容中，表现波斯神话和传统的占 39%，赞美国王的占 19%，宣传政府现代化努力的占 14%，普通爱国主义的占 14%，颂扬慈祥宽厚的统治者的占 9%，极端爱国主义的占 6%。而在伊斯兰共和国时代，从小学二至五年级的同样课本的内容来看，表现伊斯兰信仰的占 40%，赞美安拉的占 24%。"[1] 伊斯兰革命后的伊朗严格控制了国内的意识形态走向，并巩固了新生政权，但一度使伊朗伊斯兰共和国初期的现代化教育停滞不前。1980—1982 年伊朗在大学里进行了清校运动，对大学教师及学生进行政治审查，并关闭了以德黑兰大学为代表的现代化教育机构。这样的做法是为了清除旧王朝及西方文化的影响，树立伊斯兰思想的领导地位。但是它无视这样一个现实，在现代化和全球化背景下，不同文化交流和相互影响已经成为不可避免的现象。尤其在伊朗经历了长期的西式教育之后，政府力图将已趋多元化的社会重新整合到伊斯兰传统旗帜下，必定导致两种价值观念尖锐对立。

---

[1] 王新中，冀开运. 中东国家通史：伊朗卷 [M]. 北京：商务印书馆，2002：374.

伊斯兰教育在伊朗已有超过 1 000 年历史，要对该教育体制进行改革，实现教育现代化，其冲突就必然存在。怎样平衡二者的关系，使教育既能实现现代化，又能保持自己的特色，这是伊朗教育现代化中面临的一个重大挑战。

三、女性教育公平问题

伊朗城乡女性教育发展不公平。在城市轰轰烈烈地开展着女性教育的普及时，伊朗农村的女性教育的发展却因为种种原因受到限制。1971 年，联合国教科文组织宣称，伊朗城市中有 51.9% 的文盲是女性，而农村的女性文盲高达 91.7%。由于伊朗城乡水平、思想保守程度的差异，农村的女性教育水平相对低于城市。根据统计数据显示，1975 年的伊朗农村共有 1 035 所学校有女性接受初级教育，其中，一年级有 78 067 人，二年级有 56 478 人，三年级有 38 299 人，四年级有 28 573 人，而到了五年级则降到了 24 671 人。[1]

伊斯兰革命后，伊朗青年的受教育程度得到了极大的提高。伊朗免费提供小学与初中的义务教育，但是高中与大学的教育资源则受到家庭收入、城乡及性别等因素的强烈影响。家庭收入越高，进入高中和大学的可能性越大。城市女性青年受教育程度要高于农村女性青年。2005 年，18—30 岁的城市女性中有百分之六十获得了高中以上学历。虽然伊斯兰革命后，伊朗女性青年受教育程度获得提高，并大比例地拥有高学历，但是其教育政策仍保留着性别的偏见。伊朗伊斯兰共和国宪法中强调："妇女接受免费教育的内容必须要与伊斯兰标准相一致。"因此，伊朗中小学教育主要强调女性在家庭中应该扮演贤妻良母的角色而不是做自力更生的女性。

---

[1] 资料来源于联合国教科文组织网站。

四、教育评价考试问题

　　教育评价必须用于支持学习，而不仅仅是考量学生当前或过去的成绩。伊朗基础教育评估恰恰存在这个弊端。教育评估应该鼓励学生思考，而不仅是在考试中能勾选正确答案；教育评估比标准考试更全面，可以评估更复杂的技能；教育评估不只是对分数的单一统计，也考虑其他形式的成就描述，如对学生表现的深度描述；教师对学生的评估是教育评估的重要组成部分。转变教育评价观念，并不是对过去评价方式的完全摒弃，而是重新定义研究者认为存在的问题，并重新构建解决问题的工具包。当前，伊朗基础教育正在经历考试制度的改革。教育评价范式的转变向政策制定者传递的信息是：即使是为了可计量的目的，也需要包括多元的评估类型；既要构建典型代表，也要考虑到不同学生群体的公平性；尽可能地降低与评估相关的风险，尤其是在教师和学校层面。

第六章 高等教育

第一节 高等教育的现状

1979 年伊斯兰革命后，伊朗政府在 1980—1983 年几乎关闭了所有大学，并集中修订了大学课程体系。同时，伊朗高等教育的制度进一步国家化，私立教育发展缓慢，直到 2014 年之后教育私有化才获得认可。[1]1987年以来，伊朗新的大学和学院不断建立，构建起较为完整的专业门类，许多学科陆续开设了研究生课程。伊朗的高等教育机构面向所有合格的伊朗和非伊朗籍申请者开放，因此吸引了世界各地的留学生申请入学。相对于本科阶段的学位数量，伊朗高等教育中的研究生学位数量比较有限，因此也导致诸多伊朗本科毕业生选择出国深造，学术人才外流。即使如此，当今的伊朗高等教育体系依然在不断拓展研究生教育的进程中逐步完善，成为影响社会发展的关键因素之一。从伊朗高等教育的类型、入学考试、学历层次、远程教育模式等方面可以了解到伊朗高等教育的发展现状。

---

[1] ARANI A, KAKIA L, TAGHAVI T. Privatization of education in the Islamic Republic of Iran: one step forward, one step back[J]. Cogent education, 2015(2): 1.

一、高等教育的类型

伊朗拥有提供高等教育学位的庞大的高等教育机构，根据不同高等教育机构的教育水平、学科的完整度、师资情况等，可以将伊朗的高等教育机构分为两大类型，即大学和研究机构与职业培训机构。伊朗有许多大学提供了人文、商业、科学、技术、语言和文学等多个学科的高等教育课程。这些大学基于办学主体和财政来源的不同可以分为公立大学、私立大学和其他类型大学。公立大学和私立大学根据不同的学业属性或教育手段等又可以具体分为综合类大学、专业类大学（美术、工程、师范等）、应用科学类大学、远程教育类大学、医学类大学、技术学院（严格意义上来说技术学院类的学校非完全意义上的大学）和高等教育学院等。可以看出，伊朗已经建立起现代意义上的高等教育体系。

（一）大学教育系统

1. 公立大学

伊朗的公立大学有着相对良好的声誉，尤其是在工程类本科教育方面。德黑兰大学被"世界大学学术排名"列为世界400强大学之一。阿米尔卡比尔理工大学被列为500强大学之一。谢里夫理工大学前几年曾出现在500强大学的榜单上，目前被《泰晤士报高等教育》列为世界前600所大学之一。过去，伊朗高等教育机构的招生太少，公立大学的录取率低至12%，无法满足人才培养需求。尽管近年来伊朗私立高等教育机构迅速规模化发展，并已经解决了最严重的大学入学问题，但想要进入公立院校仍然需要具备较强的学业竞争力。2013年，参加孔库尔考试（该考试详情参见本章入学考试部分）的921 386名学生中，57.9% 被公立大学录取。如果考生想要考取科学、技术、工程和数学即 STEM 相关专业学习，则在优良学业表现的基础上，还需要具备相关学科特别的竞争力，才有机会获得入学资格。伊朗目前的主要公立大学有 80 所左右，相比之下，1977 年，伊朗只有 16 所大学。总体来说，伊朗公立大学教育质量比较受公众认可，虽然竞争压力比较大，但学生发展前景较好。

2. 私立大学

20 世纪 80 年代末，爆炸式增长的青年人口导致伊朗政府不得不重新评估对私立大学的禁令，并于 1988 年开始允许非营利性私立大学申请特许经营权。此后，伊朗私立高等教育机构的数量急剧增加，从 2005 年的 50 所增加到了 2014 年的 354 所，在不到 10 年的时间里增长了 600% 以上。很多伊朗学生开始选择在私立高等教育机构就读，还有超过三分之一的伊朗学生就读于半私立的伊斯兰阿扎德大学，这是伊朗最大的大学，同时也是世界上规模最大的巨型大学之一，拥有约 130 万名学生。在伊朗前总统拉夫桑贾尼的倡导下，伊斯兰阿扎德大学于 1982 年成立，是第一所非公立性质的高等教育机构，旨在解决未得到满足和不断上升的高等教育需求。"阿扎德"在波斯语中的本意是免费，但在这里是指与竞争激烈的公立大学相比，该大学提供"自由入学"的教育机会。被伊斯兰阿扎德大学录取要比进入伊朗公立大学学习容易得多，但要收取高额学费。尽管伊斯兰阿扎德大学有如此庞大的学费收入，但它并不是一所纯粹的私立机构。政府对伊斯兰阿扎德大学的学位授予项目有监督权，并控制着大学管理层的重要职位。20 世纪 80 年代末至 21 世纪 10 年代末，伊斯兰阿扎德大学逐步发展成为一个高等教育帝国，包含遍布伊朗的 400 个校区以及设在英国、阿联酋、黎巴嫩和阿富汗等国家的海外校区。除了伊斯兰阿扎德大学，伊朗其他著名的私立大学包括沙赫鲁德医学科学大学和库姆大学等。[1] 与经历过类似大规模化私立高等教育发展进程的其他发展中国家一样，私立学校如雨后春笋般涌现的同时，也伴随着教育质量令人担忧，以及配套设施、教师资格和培训等方面存在缺陷的问题。

3. 其他类型大学

自伊斯兰革命以来，伊朗高等教育有一个问题始终没有解决，那就是大学入学仍然竞争激烈。尽管伊朗的所有大学都在满负荷工作，但对高等教育的需求依然远远超过教育供给。例如，在 1989—1990 学年的 752 343 名大学入学申请人中，只有 61 000 人（大约十二分之一的考生）可以被各大专院校录取。为了解决或者至少部分地缓解这一问题，以使尽可能多的有才华、有学习兴趣的人能够接受高等教育，伊朗政府采取了两项措施来增加高等教育机会。

首先，建立开放大学。1981 年，第一所开放大学正式建立。申请者不必出示具体的教育证书就可以进入这所大学，但其入学考试与其他学校的考试形式大体相当。开放大学不依赖政府资助，而是向学生收取学费。1988—1989 学年，第一所开放大学招收了 80 个城镇的 18 万名学生，他们学习单科课程、全日制课程或者夜校课程。它的教育模式迅速扩展到伊朗各地，如今成千上万的伊朗学生受益于它所提供的教育机会。开放大学所颁发的证书需要经过文化部和高等教育部评审并予以认可。

其次，建立函授大学。第一所函授大学成立于 1987 年，建立的主要目的是为教师和公务员提供继续教育的机会。它也需要收取学生学费。课程通过电视、信件等函授方式进行，学生可以选择在当地的大学办公室参加入学考试和学期考试。

---

[1] 资料来源于世界教育新闻评论网站。

（二）研究机构与职业培训机构

伊朗旧有的"高等教育学院"或"技术学院"大多在 20 世纪 80 年代和 90 年代升格为大学。除了大学以外，伊朗的高等教育体系还包括多种类型的研究机构和职业培训机构，比如技术学院、区域职业教育中心等。伊朗目前有大约 49 所研究机构。在伊朗合作、劳动和社会福利部监管下的技术与职业培训组织管理着约 60 家职业培训机构。高等教育职业培训则主要由伊朗公共技术职业大学和应用科学技术大学附属的有执照的私营培训机构和技术机构提供。这些提供技术培训的机构提供非正规的短期职业培训课程，部分机构还提供副学士学位。伊朗除了研究机构和职业培训机构外，它的科技园区和技术孵化中心为技术开发、高等教育人才培养以及大学生的实习和创业等提供了机会和场所。伊朗科技园由专业人士管理，其主要目标是通过促进文化创新和提升相关企业和知识型机构的竞争力来增加社区财富。为了实现这一目标，科技园与大学、研发机构、公司和市场之间保持知识和技术的流动。总之，伊朗除了大学之外，研究机构和职业培训机构、科技园、技术孵化中心等也将知识与技术从校园内贯通至社会领域，落实高等教育机构的知识与技术的成果转化。

二、高等教育的入学考试

在伊朗，想要获得大学入学考试资格，通常需要先完成大学预科课程。大学预科课程是准备参加伊朗标准化大学入学考试的学生在参加考试前一年需要完成的预备课程。大学预科项目是在 2012 年之前发展起来的，目前正在不断改革并试图将其纳入新的 12 年 6+3+3 教育制度中，改革完成后，中学毕业生就可以直接参加大学入学考试，而不必再先完成额外一年的大学预科学习。但是就目前而言，对于任何想参加孔库尔考试的人来说，额外的一年预科学习仍然是一个必备要求。在大学预科中，学生需要专攻一个特定的学习和研究领域，如数学、实验科学、人文、艺术或伊斯兰文化等。学生在教育部管理的大学预科中心接受课程，并通过持续评估和期末考试（占总成绩的 75%）最终获得评分。成功通过预科学业要求的学生将获得大学预科证书，并有权参加大学入学考试。

伊朗主要的大学入学考试是孔库尔考试。孔库尔考试是伊朗的标准化入学考试。想要进入伊朗免费公立大学的考生都需要通过竞争非常激烈的孔库尔大学入学考试。同时许多私立大学也将这个考试作为招生的考核手段。一个值得注意的例外是半私立性质的伊斯兰阿扎德大学，作为伊朗规模最大的大学，它有自己管理和实施的入学考试，形式与孔库尔非常相似。这所大学收取学生学费，并通过分布在全国各地的各个校区招收了约 130 万名学生，但在竞争力方面该校还远不及公立大学。孔库尔考试是一种 4.5 小时的多项选择综合考试，每年 6 月实施，考试难度较高。该考试主要测试学生的波斯语、文学、历史、外语和数学知识等。那些失败的考生是被允许重复参加考试的，一直到他们通过为止。经过孔库尔考试筛选出来的优等生通常会进入工程和医学专业领域。鉴于考试的竞争之激烈，提供备考课程的补习班行业在伊朗得到蓬勃发展，这也引起了对考试本身和对学校教学所产生的负面影响的广泛批评，因为为了应对考试，中等教育机构几乎都在临近考试的最后一年集中备考，形成了偏离教育发展目的的全国教育的应试局面。因此，伊朗教育当局在不断研究改革大学入学考试体制，以期优化甚至更换孔库尔考试。比如，伊朗教育管理部门正在考虑采用中学最后三年的累积平均成绩来决定考生的升学去向。相对于本科的学士学位，如果考生只是想考取副学士学位的学历层次，则不需要参加孔库尔考试，很多高校会有单独的入学考试来招收副学士层次的考生。总的来说，孔库尔考试是伊朗最为艰苦的升学考试，但其优点在于考试不区分种族、阶级和性别，是考生升入大学的主要途径。

三、高等教育的学历层次

伊朗高等教育的人才培养层次比较完整，在学制中包括了从大专到研究生的各个阶段，具体如下。[1]

第一，大专学历。大专的入学条件：高中毕业的学生，参加全国范围的入学考试，根据招收比例予以录取。伊朗的一些大学和高等教育机构，以及基础教育和指导教师培训中心均可对符合大专毕业条件的学生授予副学士学位。学生的学业年限通常是两年，在读期间需要修满72—78个学分。

第二，学士学位。学士学位候选人的录取要求：高中毕业的学生，通过孔库尔考试。全日制本科生通常需要在4—5年完成学位课程，期间没有设置兼职课程，所有学位课程的完成都有时间限制。学生必须完成以下学业任务才能获得学士学位：根据学习成绩，学生每学期需要申请14—21个学分的课程任务；毕业前至少获得153个学分；平均成绩或学业绩点需要达到12分。

第三，硕士学位。硕士学位候选人的入学资格：优秀本科毕业生，获得学士学位或同等学位的学生，平均成绩或学业绩点至少为14分，在这些条件的基础上通过入学考试的考生即可被录取。全日制硕士生通常需要在两年内完成学位课程，并根据专业领域选择以下选项之一作为毕业条件：修满38个学分；至少获得30个学分，并完成一篇论文；至少获得22个学分，并完成一篇研究性论文。

第四，连读硕士学位。这个学位主要是为牙科、医学、药剂学、兽医学以及其他一些专业领域提供的。由于该学位是在高中毕业后开始修习，因此需要完成210—290个学分，同时需要撰写学位毕业论文。

第五，博士学位。博士学位候选人的入学要求：获得硕士学位或同等学位，同时具备学业高绩点成绩即平均成绩16分或以上。硕士研究生必须

---

[1] 资料来源于伊朗帕斯时报网站。

参加博士研究生入学考试，通过后才能进入博士研究生的学习阶段。全日制博士生在获得硕士学位后通常需要至少三年（最多六年）的学习时间。由于整个硕士和博士课程共有 60 个学分，因此博士生的学分上限是 60 个。如果博士生在攻读硕士学位期间已经完成了 30 个学分，那么该博士生只需要获得另外 30 个学分即可完成学分要求，以此类推。同时，博士生还必须以每个学期获得 14 分的平均成绩才能达到该学期的学业要求。当所有博士阶段课程完成后，博士候选人需要参加最后一次综合性考试用以检验该生的学业水平。当完成上述学业任务后，完成博士学位论文并通过评审的博士生将最终获得博士学位。

以上就是伊朗高等教育的主流学历层次，在这一系统中获得学位或向上晋升都需要依据一套学业评分系统。高等教育阶段包括期中考试和期末考试，均采用了基于 0—20 分制的学业绩点评分制度。字母等级的等效值为：A 等于 17—20 分，B 等于 14—16.9 分，C 等于 12—13.9 分，D 等于 10—11.9 分。本科课程的平均成绩最低要求为 12 分，研究生课程的平均成绩最低要求为 14 分。来自文化和高等教育部或卫生和医学教育部管辖下的高等教育机构的学生在完成学业后可以获得学业成绩单。官方成绩单由伊朗伊斯兰共和国有关教育部门或司法行政部门盖章并印发，以此来证明学生所达到的学业水平。

四、高等教育的远程教育模式

为了增加高等教育学习机会并提升教育效率，伊朗非常重视发展远程高等教育模式。远程教育也被称为远程学习或分布式学习，指从传统的获取知识的方式（就读机构）以外的方法获取信息。现代远程教育受到计算机和电子技术的影响，学习资源可以通过计算机、卫星、互联网、有线电视、交互式视频等即时传送。随着远程教育的不断发展，其在伊朗高等教育中越来越受欢迎。针对就学时间有限的人、有经济困难的人、学习速度慢的学生、希望接受高等教育的在职人员等不同求学者，伊朗采取了多种远程教育方式来满足他们的高等教育诉求。第一，同步远程学习。通过在线聊天、电话会议等方式学习。这是最受欢迎的远程学习和继续教育方案，因为它使学生和教师之间的互动变得容易。同步学习最适合重视交流的学位课程，如护理、咨询心理学、普通心理学和普通教育等。第二，异步远程学习。异步远程学习通常设置了每周的时间限制，学生可以自由决定学习时间，可以边学习边工作。学生与其他同学通过网上布告栏等途径有了更多的交流。以作业和项目为主的课程在异步模式下运行良好，可以使学生有更多的时间专注于他们的工作。以这种形式运作良好的学位课程包括医疗管理、市场营销、教育或教学媒体设计、法律助理或律师助理以及广告等。第三，混合远程学习。混合课程是同步和异步远程学习的结合。混合远程学习课程要求学生在固定时间在互联网聊天室、计算机室或教室里学习。不过，学生可以按照自己的进度完成作业，然后在网上提交。第四，固定时间在线学习。在这种模式下，学生必须在指定的时间登录到他们的在线账户。这是最常见的远程学习形式，学生通过现场交流的方式完成课程学习。第五，开放式在线学习。这种模式给学生最大的自由，为学生提供邮件列表、基于互联网的教科书和公告板，方便他们完成作业。在课程开始时，学生会得到一个时间表，只要学生坚持按照时间表开展学业，就可以把自己其余的时间用来安排完成其他工作。总体来说，伊朗目前的远程高等教育虽然还无法与远程教育发达的国家相比，但是随着远程教育技术的不断革新、国家教育基础设施的建设以及远程教育质量的不断提升，远程教育已经成为伊朗当下高等教育人才培养方式的一种重要途径，也越来越得到伊朗民众的普遍认可。

五、高等教育的国际考试项目

为了促进高等教育的国际化发展以及国际化人才的培养，伊朗接受并认可高中毕业生或者高等教育人才通过参加国际考试项目来获得更好的教育机会。国际考试是为了测试非英语国家学生的综合英语能力，同时测评学生的学习能力、逻辑能力、语言和全面思维水平。它在相对平等的基础上评判来自不同国家和文化的学生的学业水平。在国际考试合格或获得优秀成绩之后，考生可以获得出国留学的机会。伊朗学生主要参与的国际考试包括但不限于以下测试：GRE、SAT、生物医学入学考试、澳大利亚和新西兰大学临床医学能力倾向测试、澳大利亚医学院研究生入学考试、剑桥英语水平测试、加拿大学术英语语言评估、法语高级文凭测试、专业德语证书考试、作为外语的德语测试、大学录取外国学生的德语测试、剑桥高级英语考试、法国语言学习文凭考试、法语知识测试、法语水平测试、法语评价测试、托福、俄语作为外语的测试、匈牙利语水平测试、挪威语高级考试、汉语水平考试、英语水平证书测试、加勒比高级水平考试、西班牙语测试、西班牙语高级水平测试。根据留学目的国不同，伊朗学生可以选择不同的语言和专业能力考试。

对于伊朗的学生来说，参加最多的国际考试有以下五种。第一，医学院入学考试。该考试旨在评估学生对严格的医学课程的准备情况。医学院入学考试力求测试出学生对于医学教育工作者和医生所需掌握的技能和知识的发展潜力，用以确保录取的学生能够在未来有好的学业表现。第二，美国研究生入学考试。该考试是由美国教育考试服务中心举行的一项测试，旨在分析申请到美国留学的考生的发展潜力。第三，SAT。该考试旨在评估考生对大学的学术准备情况。通过 SAT 是全世界许多大学入学的必要条件。这个考试的目的是测试学生在高中所学的各科目的知识，以及在日常生活中运用这些知识的能力。第四，管理学研究生入学考试。该考试被用来评估考生的写作能力，定量分析能力，英语口头、阅读和书写能力。它的目的是招收学习管理学课程的研究生，如 MBA。第五，法学院入学考试。该考试由法学院招生委员会管理，该委员会负责衡量法律考生的阅读理解、逻辑和语言推理能力。

学生想要在世界各地流动和求学，其必备技能是学会运用不同的语言。世界上有许多国家在专业领域提供了高质量的学科专业化教育，并帮助求学者获得全球职业。如果学生想要出国留学，那么大学和学院的录取程序中就必定要求考生参加一项语言能力或标准化考试，用以证明自己精通该国语言并可以顺利开展学业。伊朗的留学生大部分会选择以下五项语言测试：雅思、托业、托福、国际英语水平测试、欧洲语言证书考试。总之，随着全球化人才流动的加剧，伊朗的大学生也会通过各种国际考试获得在世界范围内的求学机会，进而在更宽广的领域进行职业选择。

六、高等教育的资助形式

教育经费为学生的教育提供财政支持，这些资金可由私人或政府机构提供，可用于长期或短期教育。教育经费中的教育资助是学生借助各种教育计划或资助方法在财政上获得支持的一种助学手段，它可以由政府或私人机构提供，也可以通过兼职等个人方式获得。需要注意的是，不同地区的不同高校在教育资助程序和方式上存在不同，但通常来说，获得奖学金和各类教育资助的过程具有竞争性。因此，学生必须确保他们拥有获得教育资助金所需的所有条件。为了获得合适的教育资助，学生需要了解自己符合哪些资助申请条件，在做出决定之前，学生可以从父母或监护人那里得到适当的建议，还可以通过他们所在学院或学校的经济援助顾问咨询资助政策，然后申请各自的教育资助。为了获得特定的教育资助，学生还应随时了解教育资助的更新日期、截止日期，提交表格和所需文件等。在伊朗的高等教育中，主要有以下几项教育资助形式。

第一，教育赞助。教育赞助一般来自企业或慈善家个体的行为。教育赞助可以有效帮助大学生解决经济困难并实现自己的学业目标以及工作期待。在赞助人的帮助下，高等教育学生可以花更多的时间和精力进行复杂的学习和研究工作，避免因为贫困而埋没人才。可以说，任何形式的教育帮助都可宽泛地称为教育赞助。赞助的方式有很多种：现金、书籍、食物和设备、研究金、政府对教育的退税等。一般来说，学业优秀的学生获得教育赞助的概率更大。例如，国际数学奥林匹克竞赛是一项严格的数学考试，用以衡量考生的数学综合能力，成绩优异者可以获得世界上最好的院校的全额教育赞助。从教育赞助的来源看，涉及以下几种。一是企业教育赞助。世界上许多公司会为学生支付学费。一方面赞助学生完成大学课程和研究计划，并提供基于需求的奖励金。另一方面，为了帮助学习者，公司会与大学课程实施者合作，用以提高就学质量。二是行业教育赞助。高等院校为了与行业建立密切的关系，使学生能够在实时的产业环境中获得实际的学习机会，提供了许多适合当前行业需求的学习方案。与学术界合作的行业伙伴通过资助学生学习相关实践类课程，不但帮助学生成长，还有助于其直接从校园招聘合格的候选人。三是教育赞助基金会。大型企业往往会设立教育基金会，目的是履行企业的社会责任。通过基金会的赞助来帮助困难学生完成学业。四是通过雇主提供教育赞助。政府和企业都可以向符合条件的在职员工提供带薪假期或无薪假期，让他们在一定时间内继续学习课程，从而完成职后培训。一般来说，应征者需要与雇主签署一份协议，说明本人将在完成课程后返回工作岗位。一些雇主还会支付学费。这种教育赞助可以减轻在职者的经济负担，帮助其完成知识与技能的提升。

第二，奖学金。以学业成绩为基础的奖学金肯定了学业优异者的辛勤付出，同时，为贫困者提供的奖学金还能起到更重要的作用。奖学金可以作为财政援助来支付学费、购买书籍和工具、支付生活费用等。奖学金的类型有以下几种：择优奖学金、按需奖学金、大学奖学金、创意大赛奖学金等。一般来说，奖学金是提供给那些在上一年的学习中取得好成绩并有希望在将来做得更好的候选人，奖学金的申请人必须符合奖学金颁发方决定的资格标准才能获得。

第三，教育贷款。在伊朗，高等教育学生可以向不同机构申请助学贷款，这些机构可以是政府所有的或私人的、非营利性组织，也可以是银行或基金会等，获得助学贷款的渠道也很多。一般来说，申请助学贷款计划时，必须做出具体贷款方案，涉及学费、生活费和其他相关学习费用等。通常情况下，教育贷款不用抵押担保，也不涉及利率。一些教育贷款会由企业在一些预先确定的条件下提供，一般用于专业学习。一旦学生完成学业，一些贷款方可能会期望学生为自己工作一段时间。在这种情况下，学生需要与教育贷款提供方签订协议。在提供教育贷款时，贷款方一般要考虑以下几点：该贷款方案在未来市场的适用性、学生过去的学习成绩和标准化考试成绩、学生选择特定课程的理由等。一般来说，如果学生表现出完成课程的能力和确定性，会比较容易获得贷款。某些情况下，学生也需要检查一下借款方的财务情况，以确保有充足的贷款支持自己完成学业。

第四，助学金。助学金是通过政府机构、基金会或其他各种组织向学生提供的一种财政援助。这些补助金是不用偿还的，用于支持各级学生的教育。为了申请助学金，学生首先必须获得申请资格。此后，相关机构会审核学生的申请表，然后确定合适的候选人。获得资格的主要标准之一是学生的经济状况。因此，获得助学金的学生必须属于低收入群体。学生补助金可包括生活补助金和费用补助金。

第五，兼职收入。伊朗高校允许学生每周工作20小时，但无论在何种情况下，都不可以超过35小时。虽然从这些工作中获得的收入不足以支付学费，但可以帮助学生解决伙食费或其他学习费用。社会上的兼职工作机会通常更适合研究生。对于本科生来说，学校会帮助其在校园内寻找兼职工作，例如自助餐厅、图书馆、大学食堂、保卫处、洗衣房等地方的工作。许多学院和大学会为学生提供实习机会作为他们课程的一部分，学生借此也可以获得实习报酬。此外，为了保障学生安全和合法权益，大学通常会给有兼职意愿的学生相关的建议和指导，例如兼职工作的种类、工作场所与校园的距离、同伴一起兼职以及如何处理兼职与学业之间的关系等。

总之，经济困难的高等学校学生可以通过多种教育资助形式获得经济支持，帮助自己按时完成学业并获得职业资格和工作岗位。

七、高等教育的发展数据

通过了解伊朗高等教育的学生分布、教职工数量、科研出版物情况和研究进展等内容，可以更加形象地感知伊朗高等教育的发展情况。2019 年，伊朗的 142 所大学中，通过公平和适当的分配，容纳了大约 340 万的高等教育在读学生和在岗研究人员。伊朗高校在校生的增长情况如下：1980 年的在校生为 175 675 人，到 2019 年这一数字增加到 3 375 000 人。伊朗高校目前的在校生中有 511 950 人为副学士学位候选人，2 017 207 人为学士学位候选人，598 890 人为硕士学位候选人，152 006 人为博士学位候选人，93 335 人为专业博士学位候选人。伊朗高校在校生总数的 38% 就读于伊斯兰阿扎德大学，22% 就读于综合性公立大学，9% 就读于综合性私立大学，其余在校生就读于科学技术大学、职业院校、健康与医疗学院以及远程教育机构等。从学科角度来说，49% 的学生修习人文科学，27% 修习工程专业，7% 修习医学专业，其余修习艺术、农学和基础科学等。伊朗高等教育教职员工的具体分布情况如下：2019 年伊朗共有高等教育教职工 86 932 人，其中公立大学 51 393 人，私立大学 35 539 人，女性教职工 23 644 人，男性教职工 63 288 人。伊斯兰阿扎德大学的教职工最多，有 32 209 人，综合性公立大学有 26 531 人，其他教职员工就职于私立大学、职业院校、远程教育机构等。伊朗科学出版物的具体情况如下：伊朗高等教育领域公开发表的学术成果以 ISI 的相关数据库（包括 SCI、EI、ISTP、ISR 等）和 Scopus 数据库收录情况来看，呈现逐年递增趋势。1998 年发文量为 1 222 篇，到 2018 年这一数字增长为 60 037 篇。在 ISI 高引文成果中，文章数量由 2009 年的 50 篇增长到 2018 年的 457 篇。伊朗科研发展与实践情况如下：伊朗在 2019 年基于高精知识的产品出口额达到 7 100 万美元，基于科研知识的公司有 6 487 家。伊朗在 ISI 和 Scopus 数据库的发文量排名伊斯兰世界联盟国家第一，全球第 16 名。伊朗目前拥有的世界顶尖水平（排名前 1%）的科学家有 354 位。伊朗在 2019 年新建科技园区 43 个，推动了知识与技能的成果转化效率。伊朗已经是海湾地区科技增长效率第一的国家。[1]

第二节　高等教育的特点

伊朗高等教育经过历史的积淀和现代化的发展探索，逐步形成了具有本国特色的现代高等教育体系。伊朗高等教育的特点包括以下内容。

一、为政治需要和社会服务培养人才

伊朗高等教育的人才培养力求从贵族化逐步转向普及化。伊朗民众比较期望通过高等教育改变自身的社会处境。由于伊朗是政教合一的政治制

---

[1] 资料来源于伊朗科学、研究与技术部网站。

度，所以高校是"宗教和政治"人才培养的重要摇篮。伊朗高等教育的人才培养既注重国家的政治管理人才需求，又强调服务社会、能够提升社会现代化水平的人才需求。高等教育是塑造现代伊朗的最重要的社会工具之一。可以说，高等教育除了培养专业化人才和开展科学研究，还通过育人的因素推动政局稳定、社会健康发展、民众素养提升等。加强高等教育与社会之间的关联度，最大化发挥高等教育内部资源的效用，是新时代高等教育的必然职责。

二、不断变革教育模式

伊朗现代意义上的高等教育最早采取的是法国模式，大学由独立学院组成，学生没有选择课程的权利。20 世纪 60 年代，伊朗的高等教育开始从法国模式转向美国模式，实行学分课程。20 世纪 80 年代，为了解决民众对高等教育的极大诉求，伊朗建立了开放大学模式，并缔造了拥有百万学生的超级大学。从高等教育模式不断转变的进程可以发现，伊朗高等教育不断从国际视野和本土特点来寻求新的发展方向和教育活力的增长点。不断变革的教育模式一方面可以解决当下面临的高等教育发展问题，另一方面也可以更好地满足民众对于高等教育的需求。当然，历史上每一次教育模式的转变，都是漫长且艰难的。这一过程从宏观上彰显了高等教育理念的转变和高等教育发展新阶段的开始，从微观上则表现在行政体制、课程设置、修学方式、入学考核、师资配置等高等教育要素的革新上。伊朗在面对国内高等教育新问题出现的每一个历史阶段时，都从世界经验和本土现实两个方面入手，通过变革或优化高等教育模式，达到开启高等教育发展新篇章的教育革新目的。

三、重视对学生进行职业规划

职业规划对大学生来说意味着确立专业发展目标、个人能力积累的方向以及人生走向。伊朗高等教育机构非常重视对学生及早地开展职业规划指导和帮助。在进入学院或选择学科专业之前，为了获得一个成功的职业生涯，学生在学校的引导下会与家长、监护人、教育相关人员讨论他们的学业发展优先事项、个人职业兴趣、经济状况以及其他学业困惑。学校辅导员是学生特别是低收入水平家庭学生的学业与职业发展的首要信息来源，互联网、学校各类职业指导平台，以及父母和同龄人也是他们获得职业规划信息的重要来源。

此外，伊朗高校的管理与服务部门会从以下方面对学生进行全面讲解并提供支持措施。第一，了解职业目标。职业生涯的主要目的是帮助一个人珍惜自己的人生目标。为了实现人生目标，走上一条设计好的职业道路至关重要，学生应尽可能设定清晰的人生目标，同时需要对职业目标进行长期的有效管理。第二，规划职业道路。对学生来说，职业的选择需要从认识和确定学习领域开始。它可能是科学、商业或艺术等诸多选择。但无论选择什么，学生都必须把注意力集中到相对正确的选择上。第三，了解择业误区。伊朗高校列出了择业的十大误区，并指导学生规避职业选择风险。例如：只从"热门"或"最佳"职业选择中选择职业；学生的亲密朋友或亲属在某一领域取得了成功，学生自己也应该选择同样的领域来取得成功；职业收入是最重要的因素等。第四，评估职业兴趣。学生需要理解什么是职业兴趣，如何区分和确定长期和短期职业兴趣，职业兴趣与职业选择的关系等。第五，大学中的种族与种姓歧视。即使是现代文明社会，有关校园种族与种姓歧视事件依然时有发生，有些事件可能导致学生辍学或发生极端事件。因此，伊朗高校重视学生的心理和身体健康、社会对校园的影响、学生的财务状况、学生的发展规划，优化对学生的支持措施。

第六，提高学生学业与各类活动的参与度。为了能够帮助学生更加积极地参与到学业和职业发展中，伊朗高校会评估学生的已有知识、个人性格、家庭情况，并在此基础上通过学生之间的知识分享、分组合作、相互讨论，使学生保持忙碌的状态并进行适时的指导，从而帮助学生顺利地参与到学业和职业发展中，更好地融入大学生活中。

除了以上措施，伊朗高校还倡导学生在大学期间要致力于课外活动，合理发挥社交网络对青少年的影响，关注校园欺凌及其处理方式，发挥家庭对教育的影响作用等。总之，伊朗学生在进入大学之后，会被引导着对自己进行评估，然后树立学业和职业目标，进而在高质量地修习专业的基础上形成良好的职业素养。

对于高校的职业规划与就业指导部门来说，主要的职责就在于：加强学生对企业界的了解，使他们掌握未来成功的基本技能；发起以行业为中心的活动，并让招聘人员在活动中进行协作；提高学生对职场专业精神和职业道德的认识，并在学生中推广最佳的职业实践；与院系及其他大学单位合作，举办有针对性的职业规划课程，以满足不同学术背景及不同职业兴趣的学生的需要；加强学生的全球视野和社会意识，为国际社会做出贡献并成为领导者；扩大学生的就业机会，并为招聘人员提供与目标学生联系和互动的平台。

总之，伊朗高等教育机构从学生入学之初到课程的培养直至毕业，在每个环节中及早地开展职业指导和规划，保证了学生发展方向的清晰和准确。

四、强调及时革新教育技术

为了缩小教育差距、努力实现教育公平，为学生创造更多的学习机会，教育技术的及时革新成为教育改革中效果最为显著的手段之一。最有代表性的便是伊朗在远程教育上对新技术的不断引进。随着提高学生成绩和缩小教育公平差距的迫切需要的凸显，伊朗对于数字化学习创新进行了不断的探索，而新的教育技术的革新有可能通过改变有效的教育方法来提高教学和学习效率，从而提高高等教育质量。高效地运用现代数字信息技术来服务和支撑教育教学活动，是高等教育效率跨越式提升的有效途径。

五、管理机构之间力求建立联动机制

在伊朗高等教育管理机构的实践历史中，出现过多家管理机构权责分散，难以协调解决高等教育问题的状况。在科学和高等教育部成立之前，科教规划研究所、中央教育委员会、教育计划与预算部门、教育部以及高校之间等的合作关系非常薄弱，导致在伊朗社会与经济急剧变革时期，顶层教育发展规划很快就过时了，基层高校基于社会发展需要的实践也经常与国家的教育发展规划相脱节。目前，伊朗为了提升高等教育管理效率，将高等教育管理权集中赋予了科学、研究与技术部，卫生和医学教育部，以及教育部，并着力在管理机构之间明确职责范畴、搭建联动机制，这为高等教育的有序发展和问题的解决提供了保障。因此，各级高等教育管理机构要在高等教育战略与质量管理、信息技术、组织文化、学术型组织等方面做出细致的管理预案，并根据高等教育机构的现实需求，把握大学的教育实践与科研活动的信息，形成关联性数据，进而用于确定国家高等教育财政支持或大学评级等，同时这些信息还可以帮助有关管理机构在未来发展的决策过程中做出合理判断。高等教育管理机构把握高校发展动态，在信息分享和职能联动中，确保高等教育机构的有序健康发展。

总之，伊朗高等教育在以上特点的基础上，发挥高等教育人才培养对社会的积极作用，注重高等教育过程的规划性与技术革新性，从而履行高等教育的内在职能。

第三节 高等教育的挑战和对策

伊朗高等教育在不断的变革中为伊朗社会的稳定与发展提供了人才基础。在新型的国际关系、新式的教育技术、新产生的教育机会需求度、新阶段的高等教育定位等因素的背景下，伊朗高等教育仍然面临着新的发展挑战，新的高等教育发展对策也在实践中不断探索和革新。目前，伊朗高等教育发展的挑战体现在高等教育机会、高等教育转型和高等教育对外合作等方面，具体如下。

一、高等教育机会的挑战与对策

伊朗的高等教育机构和学位的数量近年来经历了巨大的增长。伊朗目前拥有像伊斯兰阿扎德大学等学校这种规模能够排进世界前二十的大学，这无疑创造了大量的高等教育机会。然而，这些高等教育机会的扩张几乎都发生在本科阶段。在研究生教育阶段，能够满足民众需求的教育机会仍然太少，这就使得伊朗本科毕业生大量出国。联合国教科文组织统计研究所公布的数据显示，2014 年有超过 48 000 名伊朗学生在国外留学，而 2008 年只有不到 27 000。[1] 2016 年联合国取消了与伊核问题有关的制裁之后，一定程度上加速了伊朗本已强劲的出国留学人员的流动，伊朗逐步成为一个规模巨大的国际教育市场。以留美为例，尽管伊朗人进入美国的障碍重重，但许多人还是有强烈的动机到美国留学。美国国际教育研究所的门户开放报告显示，伊朗在美留学生从 2000—2001 学年的 1 844 人增长到 2019—2020 学年的 11 451 人，2015—2016 学年达到峰值，为 12 269 人，不仅是当年第 11 大国际学生赴美派遣国，而且还向美国派遣了 1 891 名客座教授和

---

[1] 资料来源于世界教育新闻评论网站。

研究人员。[1] 2015—2016 学年美国校园里的大多数（约 78%）伊朗留学生为研究生（9 534 名）。这些学生大多数都在 STEM（科学、技术、工程和数学）领域学习。伊朗在美入学人数的升降，从一个侧面证明了地缘政治因素和外交关系对伊朗学生的流动趋势的影响。虽然近年来伊朗在美留学生人数有所回升，但美国政府的移民与外交政策仍然可能会在短期内阻止更多的伊朗学生入学，这直接反推伊朗高等教育进一步拓展研究生教育机会。为了增加本土研究生教育机会，国家最直接的措施就是建立新的大学和科研机构，或者设立新的研究生授权点。20 世纪 80 年代以来，伊朗高等教育机构的迅速扩张，使得当下建设新大学的需求并不急迫。因此，在已有大学增设学位授权点成为最直接的对策。但是，可以指导研究生的导师数量一时又难以满足学位授权点的建设需求。这便一方面要求伊朗本国的研究生导师提高工作量，另一方面要求伊朗大学生或教师争取更多的国际教育机会，并在学成归国后成为研究生导师的后备人选。在艰难地派出留学生后，伊朗同时又面临着人才外流的困扰。例如，伊朗留美研究生的毕业生对移民美国具有很强的意愿，高留美率在客观上又延缓了伊朗研究生教育人才基数的增长。由此可见，伊朗高等教育管理者在发展本国研究生教育的同时，要不断加强与其他国家的教育联系，不能只将希望寄托于发达国家，还应向一些教育发展程度较好的发展中国家寻求优质的国际教育机会，从而提升高层次人才的回流度。

二、高等教育转型的挑战与对策

如今，高等教育领域在不断强调高等教育的价值创造和成果转化，这

---

[1] 资料来源于世界教育新闻评论网站。

样的要求逐步成为大学乃至整个高等教育系统生存和发展的必要条件。在全球资源与科技竞争日益激烈、各国经济不断谋求新的增长点和优势的时代，拥有先进技术和知识型产业成为各国谋求发展的出路，而当今的大学则需要通过加强与产业的联系，从而应对普遍存在的转型危机。伊朗高等教育机构在面对社会发展对大学提出的新挑战时，需要在考虑自身知识水平、财务能力、经营状况、优势特点等的基础上，灵活配置教育资源，提升管理服务质量，针对不同发展阶段做出合理决策，并高质量落实对策。

面对高等教育的转型问题，伊朗高校从以下方面做出应对。①通过大学创造的科研利润实现价值增益。大学不断创造的知识与技能成果是大学维持自身社会价值的优势，大学创造出的基于社会发展需要的新成果不仅可以推动产业革新，还可以用于人才培养，而新成果产出的利润理应回馈至高校，用于新价值的创造和激发从业者的劳动积极性。②支持大学生实践项目和计划用以解决社区问题。高校的价值创造除了体现在高新技术和尖端科技上，还体现在解决民生问题上。通过资助学生的实践项目来解决民众生活领域的问题也是高校价值输出的方向。③加强应用性和营利性研究项目。技术成果转换效率高而非急功近利的研究项目对于产业的成长和发展具有重要意义。④加强展望性与远景性政策研究。高等教育人才培养与企业人才需求之间存在错位，长远性教育政策及实践研究有利于大学人才培养与产业人才需求的对接。⑤重视高校毕业生就业问题和专业化持续发展问题。⑥尊重和保护学术专利。⑦在大学开设的课程中注重研究性、生产性、应用性和技能性。⑧为大学的学术计划和以知识为基础的活动提供足够的资金。⑨为了给大学创造发展机会，大学校长等管理者需要保持和加强与国家各级各类管理者、精英和投资者的联系，并邀请各领域权威与精英参与大学育人活动。⑩注重创新，为大学的成长和发展创造适宜且宽松的科研条件，对研究人员给予充分的信任和资源支持，不追求眼前低效率的重复研究成果，让高校研究人员专注于研究，以换取长期的有益于社会进步与变革的研究成果。⑪按照工作的多少和贡献的大小，对有能力的个人给予物质奖励，并在特殊活动和节日期间给予慰问和鼓励。[1] 无论是从促进高等教育的人才培养讲，还是从促进产业技术转化讲，抑或是从增进社会效益讲，都要求高等教育机构根据当下的社会发展目标和趋势，做出必要的转型，从而实现高等教育在不同时代的价值意义。

三、远程高等教育的技术与课程对教育质量提升的挑战与对策

教育技术具有改变或者重新定义所有高等教育机构教学活动的显著能力，还能为设计以前被认为是不可能的科学教育环境提供机会。然而，伊朗迅速扩张的远程教育机构是在民众对教育机会的迫切需求的情况下出现的，虽然短时间内在一定程度上解决了教育机会问题，但是教育质量令人担忧，并且伊朗民众认为远程教育缺乏教育公平。为此，伊朗许多大学开始热衷于推出数字化课程，以利用信息技术在电子学习形式上进一步获得高等教育在新的历史时期的实践优势。在技术基础设施建设和文化传承等方面，伊朗的远程高等教育机构开始采取以下措施以应对当下远程高等教育质量问题：雇用虚拟教育领域的技术专家，培训教师和学习者，提高他们的技术认识；通过网站和媒体塑造数字化学习的文化及氛围；通过实践证明数字化学习的价值；建立激励和支助远程教育机制；提供有效开展数字化学习所需的基础设施；在数字化学习机构雇用高级职称教育者和有爱心的管理人员；制定与数字化学习系统相关的法律法规；为远程教育分配足够的资金。[2]

---

[1] RASHIDI A A, AZMA F. A proposed comprehensive model of "value-creation university" and transformational indicators of higher education in Iran[J]. Educational research and reviews, 2020(9): 597-605.

[2] KASANI H A, MOURKANI G S. E-Learning challenges in Iran: a research synthesis[J]. International review of research in open and distributed learning, 2020(11): 96-116.

虽然远程教育科学和技术基础设施是必要的，但归根结底没有有效的课程，学习和教学质量的提升也不可能实现。远程教育的一个重要策略便是开发有效的课程。这意味着在线课程不仅需要教师，还需要课程规划者不断修改课程计划，不断积累线上课程建设的知识。除了建设课程外，另一个重要策略是要考虑高等教育中的文化传统以及国际关系。事实上，高等教育在国家发展中起着至关重要的作用，因为它负责知识与技能创新，并为各个部门培养有奉献精神的受过良好教育的人才。因此，在进行远程高等教育技术与课程改革时，一方面需要满足与伊朗本国相适应的知识与技能需求，另一方面需要注意其教育活动要迈向国际标准。教师和课程规划者必须以国内传统文化、国家发展水平以及国际高等教育发展趋向为基础，引导学生朝着综合目标努力，通过对远程高等教育的良好监督和管理，按照国际标准规划课程，在学习者的知识、技能和态度上进行适当的改变，从而实现远程高等教育质量提升的目标。

四、高等教育对外合作的挑战与对策

由于伊朗在目前的国际关系中处于较为被动的地位，经济制裁和军事侵扰使得伊朗不得不时刻调整对外政策。在高等教育领域，科学、研究与技术部基于伊朗的国家目标和利益，对实现科学技术外交、学术合作以及与世界各国开展经验交流具有强烈的愿望。科学、研究与技术部对外合作的框架和政策以发起、发展、加强和深化与区域和国际合作伙伴（包括大学、研究机构、组织等）的国际科学技术和学术合作为基础，根据"国家发展计划""20年国家远景政策""国家总体战略图"和其他类似的国家战略来确定。科学、研究与技术部对外合作的主要方向为合资研究合作、交换学生和教授、联合培养硕士和博士以及科技园区合作等。作为伊朗的科学与人才发展的国际接口，科学、研究与技术部在伊朗及其海外合作伙伴之间发挥重要的沟通作用。伊朗目前的国际合作伙伴包括伊斯兰会议组织成员，以及德国、意大利、中国、俄罗斯、奥地利等其他国家。伊朗高等教育界在与各国大学进行科研、学生和学术交流等对外合作时的具体内容和方式如下：与邻国和伊斯兰国家签署谅解备忘录；与国外高水平大学签订谅解备忘录；培养大学语言文化教师；波斯语言和文学以及伊朗、中东和伊斯兰研究领域的合作；地方和国际组织之间的科学合作；主办和出席国际高等教育活动（会议、研讨会、展览等）；提供来往留学生的全额奖学金；实施科学家、教授、学者等联合研究和教育项目；就长期和短期科学项目交换学生；在其他国家设立大学分支机构；大学、高等教育和研究机构之间的直接合作；科技园区、科技创新孵化器合作；开展双边和多边研究计划和项目；建立科学技术合作联合专家委员会；与伊朗在国外的专家进行科学合作；在合作国的科学出版物上发表研究成果；组建伊朗和其他国家大学校长联合委员会等。[1]伊朗高等教育的管理机构还会根据国际国内形式不断调整对外合作政策与方式，以期获得高等教育人才的可持续性产出。

综上所述，在伊朗高等教育的历史进程中充满了国际关系、国内人才培养立场、教育管理机构之间、教育机会与教育质量、教育形式与教育技术等各个维度的博弈与协调。发展至今，在新的国际环境中，伊朗高等教育依然在培养管理人才和增进民众素养等方面发挥着重要作用。虽然伊朗高等教育目前在留学人才培养、研究生教育、学术自由、新技术与文化传统等方面需要进一步发展，但不可否认的是，伊朗高等教育对于伊朗社会的发展和国家的稳定起到了重要的引领作用。

---

[1] 资料来源于伊朗科学、研究与技术部网站。

第七章 职业教育

伊朗现代职业教育的发展历经百余年。从产生至今，伊朗职业教育的规模与质量皆有较大改变与提升。伴随伊朗职业教育的发展，其作用、管理、教学等方面都发生了重要变化。伊朗职业教育积累了经验，形成了独有的特点，但随着国内外环境变化不断提出新要求，伊朗职业教育也面临新的挑战，需逐步寻找适应性或引领性的改革措施。

第一节 职业教育的发展和现状

一、职业教育的发展 [1]

伊朗的职业教育是伴随着伊朗经济社会的近代化而逐渐发展起来的，随着伊朗手工业、工商业的发展，20 世纪初，旨在培养专业技术人才的职业学校应运而生。巴列维王朝时期伊朗国家教育事业得到了显著进步，

---

[1] BALOUS E. A comparative study on technical vocational education for girls in I. R. Iran and India[D]. Pune: University of Pune, 2004: 25.

20 世纪 60 年代，伴随伊朗现代工业的发展与土地革命的展开，工艺要求的提高和岗位需求的多元化使得职业教育迅速发展，学校数量与专业门类较之以前有了明显的增长。这为伊斯兰革命后职业教育的进一步发展和取得更加卓越的成绩打下了良好的基础。[1]

伊斯兰革命对社会生活的各个方面，特别是教育领域产生了重大影响。伊斯兰革命后，伊朗进行了根本制度的变革，实行了拒绝外国文化的政策。此时，教育体制的改革势在必行。随着外国顾问专家被驱逐，战争爆发以及青年参与战争，暴露出技能型人才的空前匮乏，这使得当局更加重视职业教育。他们认识到有必要设立一个协调中心来组织职业教育的规划与实施，职业教育的发展由此步入科学化与规范化的发展轨道。1979—1980 年被认为是伊朗职业教育体系发生重大变化的一年。这一年，职业技术教育高级协调委员会成立，将原有的职业教育机构加以整合，一些研究所被关闭，一些被合并，一些被分离。在管理方面，伊斯兰革命后设立了伊朗教育的最高法律机构——高等教育委员会[2]。高等教育委员会秘书处负责将委员会的决定正式通知包括职业技术教育部在内的所有组织。同时，职业教育的所有决策都必须得到高等教育委员会的批准。职业教育管理逐步走向正规化，也表现出强烈的集中性。1981 年，高等教育委员会正式发挥作用。该委员会独立于各部委，其职责包括研究和协调政策、制定政策和战略、确认预算、评估和监督、批准与职业教育相关的规章制度等。但在实践中，职业教育发展的总体规划权被转交给了预算和规划机构。作为教育部的一部分，职业技术教育部获得了独立地位，从而为更好地进行规划奠定了基础。工作和社会福利部的平行活动也纳入职业技术教育组织。在伊斯兰革命后的教育部中，负责职业教育管理的分支发生

---

[1] 高阳. 伊斯兰革命以来的伊朗国内职业技术教育 [D]. 临汾：山西师范大学，2019：21.

[2] 该委员会由 17 名成员组成，其中包括 4 名部长、1 名宗教代表、3 名不同学科的专家、3 名有经验的教师、1 名工业专家、1 名农业专家、1 名研究规划局局长和 3 名教育领域的学者。

了根本性的变化，职业技术教育部主要负责加强教育中心和工业之间的关系。

1983—1984 年，中等职业教育在校生已占中学在校生总人数的 13%，职业教育开始受到前所未有的重视。此阶段，伊朗职业教育的发展不仅体现在学生规模的扩张上，还表现在教学方式方法的改革与探索上。从 1982 年开始，伊朗中等教育开始探索将工作技能与所学知识相结合，所有的中学生必须参加每周 8 小时的实践训练，在两名教师的监督下进行工作技能与知识相结合的学习。两名教师中一名是教育部派出的教师，另一名是工业技术讲习班的专家。虽然这种改革不利于管理并在后期遭到教育专家诟病，但在当时，被认为是中学教育制度的重要改进。

当时，开展学徒制教学被认为是职业教育的一个变化，同时，开始为那些想要继续职业教育课程学习的人开展成人教育。那时，针对女性学生的职业教育课程发展并不显著，职业技术教育中心只分配了一个化学工业分校给女性学生。而今，职业教育设有贸易教育、卫生教育、艺术教育和组织教育四个分支机构。商业课程和会计是在贸易和组织教育下开设的，环境卫生（专为男孩开设）和护理（专为女孩开设）在卫生教育部门下开设，艺术教育教授图形和建筑设计以及缝纫。高等职业教育分支机构的毕业生必须在政府机构或办公室工作 2 个月，熟悉工作环境，提高技术素质。职业技术教育部下属的农业教育局负责农业教育的规划和监督。

经济上的独立和自给自足是改革的主要目标之一，政府认识到有必要关注职业教育作为培养技术人力资源的重要作用。随着伊斯兰革命的完成，国家的社会、经济和文化发展以及技术经济的发展再次得到了应有的重视。

二、职业教育的现状

（一）职业教育体系 [1] [2]

根据伊朗现行学制，小学 2012 年改革后为 6 年（之前为 5 年），入学年龄为 6 岁；中学分为初中 3 年和高中 3 年，小学和初中教育被称为通识教育。高中分为 3 类：普通高中（理论类）、职业技术类以及工作加学习类（兼顾学习和工作，灵活性课程）。高中主要根据学生初中阶段考试成绩录取，其中，普通高中最受欢迎。学生高中毕业，完成为期一年的大学预科课程后（2 年制副学士学位课程不需参加大学预科课程学习），通过入学考试可以进入大学学习，伊朗高等教育体系由综合性和专业性大学、应用科学 / 技术大学以及职业 / 技术学院构成，提供大专（副学士学位）至博士阶段的教育。大专副学士学位课程一般需要两年时间完成，本科学士学位课程通常为 4 年（建筑 5 年、兽医和牙医 6 年、医学 7 年）。硕士学位需要 2 年，博士课程 3—6 年。

伊朗职业教育与培训从纵向上由高中阶段和大学阶段教育组成，从横向上包括正规和非正规教育。高中阶段职业教育主要包括三个领域，共 30 个专业。工作加学习类职业高中，提供 400 个工种的技术培训，以培训技术工人为目的，毕业生可以获取国家技术资格证书。伊朗高等职业教育机构包括技术大学和地区职业教育中心，由职业教育组织负责管理。

1. 劳动和社会福利部监督下的非正规技术和职业培训

这个项目主要培训那些接受过最低限度正规教育（通常是初级教育）

---

[1] International Project on Technical and Vocational Education. National profiles in technical and vocational education in Asia and the Pacific: Iran[R]. Bangkok: UNESCO Principal Regional Office for Asia and the Pacific P. O., 1995: 20.

[2] 李建求 . "一带一路" 沿线国家职业教育概览 [M]. 北京：商务印书馆，2018：131-132.

的人从事适合的工作，如理发师和焊接工作。除了教育部、科学和高等教育部开办的正式技术和职业培训课程外，劳动和社会福利部的技术和职业培训组织开办了许多非正规职业培训课程。这种非正规课程强调实际训练和技能的提高。课程中的理论课被认为是教学实践课程和促进学习的必要条件。课程结束后会授予学员职业技能证书。这些课程的持续时间不同，通常少于两年。

非正规技术和职业培训主要培训三类技能。第一类是基本的、广泛适用的技能，如焊接、钣金、车削等，在不同的行业中经常用到。第二类是只在汽车制造、水泥和食品等少数行业或工厂才需要的技能。第三类是一些仅适用于某些特定工厂或工业企业的高度专业化技能。

2．中等职业教育

中等职业教育学制四年，分为三个领域，即工业、农业和商业。其中，工业技术职业教育主要包括建筑、电力、电子、通信、通用机械（矿山机械）、铸造和金属熔炼、空调和制冷、加热系统、金属加工、机械、设计和焊接、汽车机械、纺织和染色、陶瓷、航海工业（通风、电子和通信、机电、发动机、渔业、商船）、印刷、化工、木工（模型制作、室内装饰）等技术领域，学生在成功修完任何一个技术领域的课程后，即可取得工业技术职业文凭。

农业技术职业教育包括以下领域：一般农业、食品工业、农村管理和农业机械。部分学科由教育部开设，其他学科由农业部下属的农业教育组织的农业学校开设。由于农业学校是寄宿学校，学生可以得到食宿等保障。农业学校一个学年的学习时间基本为11个月，其中9个月要学习理论和实践课程，2个月要进行农业知识实践。经过四年的学习，学生应获得以下技能：学会关于作物生产过程的具体知识，如作物的种植、生长和收获；学会种植蔬菜和树木，掌握嫁接、种植树木与蔬菜的技能；掌握植物保护方法，运用植物保护技术；能够耕种土地、收获农作物和维修农业机械。

在商业管理和职业训练领域，学生既修理论课程又修实践课程。在学习期间，学生参观职业培训中心和有关工作坊。除此之外，学生毕业后还应在公立或私立培训中心接受为期两个月的实习培训。

3．高等职业教育

伊朗教育体系中设有两种类型的高等职业教育学院，即技术学院和职业技术教师培训学院／中心。正规高等职业教育隶属文化和高等教育部分管。技术学院从中等职业学校的毕业生中选拔学生，学生毕业后能够获得学位证书。

技术学院提供所有工程专业的课程。比如，机械／机械工程、电气、电子、计算机、化学、建筑／土木工程、木材工业、纺织、冶金、采矿等。技术学院的毕业生经过两年半的学习，获得文凭证书，相当于"高级技术人员"的头衔，可以在工业或其他经济部门工作。专业化从课程学习之初就开始了，课程设置以工程实践为主。教学人员通常接受过行业培训，车间讲师有长期的行业经验。学院还为行业员工组织工厂内小组培训课程。职业技术教师培训学院／中心的毕业生在完成学业后，可被教育部聘为技术和职业高中的教师。

（二）职业教育的发展战略 [1]

伊朗的职业教育与伊朗的近代化教育同时起步。19 世纪下半叶，随着伊朗工商业、手工业等得到发展，职业教育开始兴起，设有工艺美术、地毯编织、农业、商业和银行等专业。20 世纪 60 年代，随着伊朗土地改革的进行和现代工业的发展，职业教育得以迅速发展，政府与苏联、美国、德国、英国、

[1] 李建求．"一带一路"沿线国家职业教育概览 [M]．北京：商务印书馆，2018：134．

法国、日本、意大利等国签订合同，准许这些国家在伊朗国内开办职业学校或培训中心，设立了冶金、机器制造、化学、汽车装配、冰箱制造、建筑、贸易等专业。伊朗伊斯兰共和国建立后，政府对教育的重视以宪法形式肯定下来，成立了职业技术指导委员会。在发展规模的同时，伊朗政府使职业教育成为终身教育体系的有机组成部分，使职业教育与高等教育相沟通，让职业学校的毕业生经过努力可以升入高等学校。

（三）职业教育的管理

伊朗职业教育管理政策的制定分为两个部分：高等教育规划委员会及其相关分委会负责课程的开发和批准；技术教育最高委员会负责职业教育相关政策决策。高等教育规划委员会成员包括高等教育部部长、工业部部长、农业部部长、卫生部部长，以及预算计划部门的领导。技术职业司负责规划和管理全国职业教育活动。该部门还设有研究处，书籍评价委员会，计算机、统计和信息中心，教育规划委员会，预算办公室，技术信息和教材制作中心以及其他委员会。伊朗从小学到高中的教育是免费的，包括职业教育，费用的主要提供者是政府。此外，学生还可以获得贷款，这些贷款将在他们工作后偿还。

（四）伊朗职业教育的教师培训

伊朗重视教师的培养和选拔：伊朗小学和初中教师需要有副学士学位，由教师培训中心培养，学制 2 年；高中教师须有本科学位，并由大学或教师培训类大学负责培训；伊朗还有专门负责大学教师培训的大学——教师教育大学，该学校在伊朗教育部高校中排名第二，开设有硕士、博士学位课程。教师培训只在公立高校进行。伊朗对教师要求高，除入职资格要求外，教师还需通过面试和公开选拔。

5月2日为伊朗教师节。每年教师节，全国评选模范校长和教师，男女各 136 名，并在德黑兰举行特别仪式，政府领导向模范人物赠送礼物和致感谢信。为了吸引最好的教学人员并使他们能够集中精力从事教育工作，教师薪酬与公职人员相同。教师薪酬根据 1990 年《国家雇员协调支付法》提供，享受特别待遇，教师每四年晋升一档工资。

教师的假期与公职人员相同，其中包括周末、法定假日以及带薪年假。教师并不像学生那样能享受长假，长假期间，教师虽然没有教学任务，但通常要参加校外的培训。教师一周的工作时长是 24—28 小时。

第二节 职业教育的特点

在不断推行发展举措的背景下，经过政府和社会各界力量的共同努力，伊朗的职业教育取得了较为显著的成绩，职业教育的作用得以发挥。总结伊朗职业教育的特点，包括职业教育受到重视，职业学校、学生数量不断增多，职业教育和培训形式多样化，职业教育管理体系逐步完善，职业教育重视质量保障等方面。

一、职业教育受到重视

过去几十年见证了伊朗的巨大转变，伊朗已经将人力资本投资赋予核心作用。用于改善教育、培训和保健的支出已不再仅仅（或主要）被视为经济增长和收入增加所带来的好处，它们也越来越被视为人力资本投资，使持续的经济增长成为可能。培训和发展，即人力资源开发，长期以来被认为是社会经济发展和扩张的一个基本因素和关键因素。科学成就和现代生产方式改变了社会经济及社会关系，职业教育在企业、团体和个人的发展过程中发挥了重要作用。训练有素的劳动力和人力资源的重要性日益成为国家战略发展关注的焦点。[1]

据伊朗职业技术教育部副部长介绍，办一所职业学校的经费虽然可以办 10 所普通中学，但他们仍然愿意花这笔"巨额投资"来发展职业教育。职业教育被认为是伊朗工农业发展对教育事业提出的要求，那些认为进职业学校学习的学生天资差是传统偏见和错误观点。职业教育管理者认为，办好职业教育的关键，在于初中阶段对学生的正确指导，教师应根据学生的兴趣爱好，指导学生初中毕业后学习合适的专业。伊朗的职业学校在办学层次上分两类：一类属于中专，一类属于大专。从学科专业看，有工业方面的、农业方面的、服务行业的，还有偏重理论学习和管理方面的。这些学校从校舍、实验室到生产车间都具有较好条件，在人才培养方面也取得了一定的成绩。

二、职业学校、学生数量不断增多

伊斯兰革命之后，伊朗职业学校的数量每年都在增加。职业学校根据学生的入学考试成绩招录学生。伊朗职业学校开设专业较多，仅德黑兰的职业学校就涉及电力、汽车机械、电子、木材、建筑、五金、制图、供暖和空调等专业。1990 年职业教育体系改革后，职业教育得到了大幅度的发展。愿意接受职业教育的学生数量增加，同时职业学校招生人数也大幅增加。1992—1993 学年，技术中学学生总数为 150 478 人，职业中学学生

---

[1] AKBAR J, LEILA J. Evaluation of technical and vocational education in Iran[J]. Procedia-social and behavioral sciences, 2012(46): 4070-4071.

总数为 16 411 人，另外还有 12 792 名学生在农业中学学习。1993—1994 学年，正规职业学校的招生人数为 13 900 人，1994—1995 学年为 20 461 人，1995—1996 学年为 28 067 人，1996—1997 学年为 33 084 人，1997—1998 学年为 39 331 人，1998—1999 学年为 47 181 人。1993—1998 年正规职业学校的毕业生人数分别为 6 434 人、12 077 人、12 077 人、14 384 人、21 152 人、26 457 人；在校学生人数分别为 45 276 人、67 131 人、67 131 人、83 121 人、101 821 人、120 000 人。[1]

三、职业教育形式多样化 [2]

1993 年，伊朗全国各省份都出现了数量不等的非正规职业培训中心，其中德黑兰为 11 所，霍拉桑为 9 所，马赞达兰为 8 所，吉兰为 5 所，伊斯法罕为 4 所，哈马丹为 4 所。1994 年，参加由职业培训组织负责的非正规职业培训的学员达到 116 000 人。除此之外，伊朗伊斯兰共和国建立后，国家开始建立伊斯兰自由大学。伊斯兰自由大学的经费来源并不是财政拨款，而是通过募集公众的捐款来为国家培养专业技术人员和宗教学者。这类大学并不看入学者之前所获得的文凭，学生只要能通过入学测试就可以被录取。到 1994 年为止，这类学校在全国 80 个城镇都有分布，学生总数达到 387 502 人。

在自由大学之外，正规大学的职业技术专业同样在为国家培养业界需要的职业技术人才，其经费来源主要是财政拨款。同时，其他教育形式也得到了发展。1994 年，全国共有 115 所短期职业教育培训中心，学员人数达到 15 100 人。教育部下设有 22 所两年期职业教育中心，学生人数达到

[1] 高阳. 伊斯兰革命以来的伊朗国内职业技术教育 [D]. 临汾：山西师范大学，2019: 40.
[2] 高阳. 伊斯兰革命以来的伊朗国内职业技术教育 [D]. 临汾：山西师范大学，2019: 42-43.

33 000 人。其他部门（如工业部、农业部）下设有 35 所职业教育中心，学生人数达到 8 000 人。

基于原有发展，当前伊朗职业教育形式呈现多样化样态，分为正规职业教育和非正规职业教育两大类。国家延续了共和国建立之初分层分类的管理模式，由不同的部门负责发展正规和非正规职业教育。国家对正规和非正规职业教育都给予了高度重视，最突出的表现就是给予大量财政拨款。2017 年，伊朗拨款 55 万亿里亚尔（约合 13 亿美元）用于改善职业教育及培训。2018 年，伊朗拨款 0.9 万亿里亚尔（约合 0.21 亿美元）用于改善全国的职业高中。如今，伊朗的职业教育机构有了很大的发展，全国除了有职业学校培养技术人才，还有职业培训中心、私立职业培训学校两大类机构负责培训工业、农业、服务业需求的专业人员。截至 2018 年年底，伊朗共有 600 所公立职业培训中心、102 所私立职业培训中心、14 000 所私立职业培训学校为国家培训技术人员。

四、职业教育管理体系逐步完善 [1]

伊朗的职业教育体制源于法国旧式的教育体系，属中央集权类型。伊朗教育实施分层、分类管理，其职业教育与培训的管理涉及多个部门，最高教育委员会是国家最高教育立法机构，负责非大学教育的法律和政策制定；教育部负责全国中小学教育的管理和财政拨款；科学、研究和技术部（前文化和高等教育部）负责科技、艺术和科技高校；健康与医学部负责监管医学院校并组织医疗人员的培训；劳动和社会福利部负责职业教育非正规培训，具体由其下属的技术与职业培训组织负责管理；此外，农业、石

---

[1] 李建求."一带一路"沿线国家职业教育概览 [M]. 北京：商务印书馆，2018：137-139.

油、工业等部委也进行专业类高等教育的管理，经科学、研究和技术部许可授予学位。

伊朗的教育部及劳动和社会福利部分别负责正规和非正规职业教育与培训的管理。伊朗教育部对正规职业教育实行垂直管理，主要通过省级职业教育部门和地区办事处履行具体职责，省级教育部门负责人由教育部和各省省长任命。省级职业教育部门的主要职责是：根据国家教育计划框架，监管教育项目的设计和实施；监督全省教师和行政人员培训；监管非公立学校，并提供必要的资助；制定可行方案，管理省级及以下地区教育委员；按照教育部批准的计划框架，根据各地区的特殊需要设计教育方案和课程。地区办事处负责人由省教育部门任命，在促进各级政府和非政府机构参与教育管理方面发挥重要作用。学校校长由地区办事处任命，负责学校所有教育、财务和行政活动，校理事会、教师委员会、学生会和家长协会参与学校决策。

非正规职业教育由伊朗劳动和社会福利部下属的技术与职业培训组织负责具体管理。伊朗技术与职业培训组织由该部职业培训指导中心、学徒基金会和学徒协会三个机构合并而成。伊朗有关法律规定，技术与职业培训组织主要负责短期的职业教育培训，是非正规职教培训特殊委员会的领导机构，共 16 名委员，来自各个部门、组织以及雇主 / 雇员协会。技术与职业培训组织办公室和各省分支机构包括：位于德黑兰的中心办公室、31 个地方办公室、位于卡拉季的教师培训中心、702 个（永久性的）培训中心、12 304 所私立学校。

技术与职业培训组织的职责和使命主要有 8 项：编制职业教育发展计划；筹建和发展职业教育中心；依据国家和行业标准开发课程、编写教学资料；按照职业、技术模型保证体系内的所有教育机构遵守行业标准；为职业培训参与者提供教育、职业咨询；依照规则监管所负责的职业教育中心；组织、协调世界技能竞赛；在国家、职业组织的人力需求方面进行基本的、实质有效的探索和研究。

五、职业教育重视质量保障

伊朗非常重视保障职业教育的发展质量。职业教育的质量保障主要通过三大途径实现：一是订立严格的课程开发程序和技术评测体系，二是举办国家技能竞赛，三是设置证书制度。

伊朗在开发职业技术新课程方面遵照严格的步骤和程序。在课程开发方面，包含知识、技术、工具、资料等众多元素；在技术评价方面，不仅对技术人员的专业知识、实践能力进行评价，还对其专业表现进行测评。

高级技术人员对生产、制造及产品价值创造具有重要意义。提高职业技术培训质量，使其与国际技术标准接轨是职业与技术培训组织的一项重要使命。因此，伊朗每年都会举办国家技能竞赛。技能竞赛由商业、培训企业给予经济和技术帮助，由国家职业技术培训组织负责举办。一般情况下，伊朗国家技能竞赛的参赛人员是不满 22 岁的年轻人，具体分为市、省、国家三级。获奖人员将参加训练营，代表伊朗参加世界技能竞赛。举办国家技能竞赛加强了技术与职业培训组织与各教育机构、生产厂商间的合作，使职业技术人员与国家劳动力需求相符合，对提高职业教育的质量具有重要意义。职业技能竞赛的举行也使得伊朗职业教育在世界职业教育领域的知名度大大提升。在 2015 年 8 月举办的第 43 届世界技能大赛中，伊朗有 15 名选手参加了 13 个项目的比赛，最终荣获 1 枚铜牌（网页设计项目）和 8 个项目优胜奖。在 2017 年 10 月举办的第 44 届世界技能大赛中，伊朗有 27 名选手参加了 24 个项目的比赛，最终荣获 1 枚铜牌（管道和暖气项目）和 5 个项目优胜奖。[1]

同时，伊朗通过证书制度保障职业教育质量。伊朗有本科、硕士、博士学位，而比本科学位类低一级的是类似于专科类的毕业证书。该毕业证书由普通大学、高等学院和技术学校授予，可以是 5 年的综合"专科"课程

---

[1] 高阳. 伊斯兰革命以来的伊朗国内职业技术教育 [D]. 临汾：山西师范大学，2019：44.

（3 年职业教育类高中 +2 年大学），也可以是 2—3 年的大学课程。学生进入 5 年的综合"专科"课程前需顺利完成 9 年的基础教育，5 年的综合"专科"课程毕业生也可以继续通过 2 年的学习获得本科学位。3 年职业教育类高中毕业后可以获得技术类高中毕业证书。学生在完成 3 年职业教育高中学习后也可以选择上普通大学。[1]

第三节　职业教育的挑战和对策

尽管伊朗职业教育取得了令人瞩目的成就，但是随着社会的不断发展以及全球化所带来的影响，伊朗职业教育体系仍有待发展完善，从而解决发展过程中遇到的各类难题，符合社会进步的需要。[2]

一、职业教育面临的挑战

随着科技的不断进步，尤其是在全球化的时代背景下，科技含量的高低成为决定产品优劣的关键性指标。因而，世界各国都对科学、技术人才的培养给予了高度关注。伊朗职业教育虽然历经百余年发展历史，但其在教育目标、内容、教学方法等方面，依然面临重重挑战。

（一）职业教育的受重视程度有待提升

伊朗对职业教育的关注远远低于对高等教育的重视，这使得学生对职

---

[1] 李建求. "一带一路"沿线国家职业教育概览 [M]. 北京：商务印书馆，2018：133.

[2] 高阳. 伊斯兰革命以来的伊朗国内职业技术教育 [D]. 临汾：山西师范大学，2019：44.

业技术的学习兴趣严重不足。虽然职业教育机构的主要目标是培养熟练或半熟练的劳动力，但社会对这些机构的重视度并不是很高。同时，除了建立具有强烈职业技术导向的两年制高等职业教育机构外，中等职业教育培训的受重视程度还远远不够。[1]

（二）职业教育的外部条件不足

伊朗职业教育面临外部条件不足的问题。近年来，伊朗的职业教育规模整体扩张很快，但相关教育部门并没有为这种迅速扩张做出充分与合理的准备，例如教师培训、教育设施和工具改进等前期准备不足，远远没有跟上规模扩张的步伐，这直接导致了职业教育质量不高和毕业生整体素质不足。

（三）职业教育人才培养规划有待完善

职业教育发展应基于本国各个行业领域的人力需求，加以规划与管理。因此，国家教育行政部门必须明确本国人力现状与需求。伊朗还应建立明确的测量流程与标准，把握不同职业的需求，确定初等或中等教育毕业生加入各类职业院校的水平要求，并明确规定职业教育培养与毕业的要求，从而为各行业领域储备合格人才。这需要通过制定国家政策，明确部门职责与办事流程，研发评价标准，才能真正通过提高职业教育的适切性来促进本国经济的发展。当前伊朗职业教育无论是人才培养规划还是标准与评价都有待提升。

---

[1] KHODI A. A two-year comprehensive community college model for developing nations: a case of Iran[R]. Ann Arbor: Higher and Adult Continuing Education School of Education University of Michigan, 1988: 1-20.

（四）职业教育的差异化有待平衡

伊朗职业教育与培训学校的数量一直在增加。尽管伊朗政府采取了多种努力发展职业教育规模与质量，但其整体结果并没能让多数民众感到满意。民众普遍呼吁政府和规划者应该更加重视职业教育的质量和公平性。在扩大职业教育规模的同时，政府应该看到，地区差异和地域分布不均是当今伊朗职业教育发展的主要障碍。尽管伊朗政府做出了种种努力，但男女学生获得职业教育的机会仍不均等，城市和农村职业教育机构的分布仍不均衡。

（五）职业教育整体质量仍然较低

伊朗职业教育经过长期发展取得了重要成就。但是，无论从数量上还是质量上讲，伊朗职业教育的发展程度与国际标准的差距仍然很大，尤其在质量方面的差距非常突出。职业教育缺少当今社会所需的足够的科技内容，导致职业教育培养人才的竞争力较低。

二、职业教育的改革对策

（一）重视职业教育的质量提升

伊朗伊斯兰共和国建立以后实施了多个五年计划，其中第四个五年计划的目标之一是提高各级教育体系的质量，改革教育课程，发展适当的职业培训项目，继续保持以劳动力市场为导向的教育和培训发展趋势。伊朗职业教育重视开展广泛的课程改革，正在逐步建立较为严格的课程开发系统，注重职业教育向普通教育渗透。伊朗制定了大力发展职业教育的教育改革计划，设计并调整职业学校的课程设置，在普通初中增加职业教育课程和内容，建立实习基地和实验室，安排学生参加工农业生产实习，培养学生对职业的兴趣和职业基本技能。课程开发步骤包括：省职业教育管理部门根据课程开发流程填写劳动力市场分析表格→办公室工作小组对市场分析表格进行初步审核→国家职业教育管理部门课程开发小组对市场分析表格进行分组评定（制造业、农业、服务业等）→确认和开发培训课程→课程编写与分发（通过国家技术与职业培训组织网站进行分发）。[1]同时，重视职业教育的质量提升应以尊重学生为基础，职业技术学习应该发生在真实和现实的环境中，职业技能应该与学习者的知识基础相关联。教师应以形成性评价方式为主对学生进行评估，鼓励学生自我调节和自我管理。

（二）加强保障职业教育的公平性

伊朗政府应保障女性与男性有平等的职业教育受教育权利。教育应男女平等，职业教育是增强女性权能的有效途径。女性在国家的社会经济和政治生活中发挥了重要作用。如果女性没有平等的机会，特别是在受教育方面，社会就没有办法通过建立平等伙伴关系来进步。女性进入社会工作的人数持续不断地增加是发展中国家经济和社会发展最重要的体现之一。教育的普及为女性提供了更多的就业机会。不能忽视女性在社会改善中的作用，如果女性在教育范围内得到平等对待，就可以在社会发展中发挥更积极的作用，因此，应该重视女性的职业教育受教育公平。男女学生享受教育机会平等是伊朗职业教育实践中涉及的主要问题之一。

伊朗政府还要重视不同学段职业教育的协同发展。一方面要重视中等职业教育，另一方面必须在本科和研究生阶段提升科技教育水平，以便及

---

[1] 车仁美. 职业教育工作手册 [M]. 北京：中国人事出版社，2000：696.

时更新，跟上科技发展的步伐，引导高层次学生获得新知识和新技术，使科学研究与实验和经验保持一致，进一步促进信息和知识交流。

（三）加强职业教育的本土化研究 [1]

任何职业教育体系都需要一种哲学基础来帮助它对职业培训是什么以及为什么是职业培训的问题给出基本的答案。有一种明确的哲学和一个特定的理论框架指导职业教育是实现有效的职业教育的第一个基本步骤。对伊朗职业教育的理论和实践背景的回顾也表明，伊朗的教育体系明显缺乏合理的职业教育哲学基础。伊朗应开展哲学在职业教育中的本土化研究，以提升职业教育的科学性，最终提高职业教育的教学质量。

国家进步和社会发展的决定因素之一是丰富的人力资源。近年来，伊朗的人才需求增加，特别是工程师、医生、技术员和熟练劳动力短缺。经济增长对人才产生的巨大需求，需要职业教育与之协调，否则不仅不能满足国家的需求，也不能为社会提供有用的人才。伊朗职业教育课程的开发应基于科学的职业分析，这种方法通常使用专业人士的共识判断。理解和管理劳动力和劳动力市场是职业分析的必要条件。职位描述是基于职位分析的，职业教育的提供与劳动力市场的需求需要适当协调。随着工业和其他经济部门中技术的快速发展，职业教育应迅速适应其行业标准，取得技术进步。因此，需要在最短的时间内开发和修订课程，并在职业技术教育中得以推广。[2]

---

[1] GHAFFARI A, AHANCHIAN M R, KHALLAGHI A A, et al. The evolution process of the vocational education philosophy in Iranian education system[J]. Technology of education journal. 2018(12): 269-288.

[2] HASSAN S. JAFAR Z. Determine the impact of market-orientated skill training on satisfaction and effectiveness of trainees in technical and vocational training: a case study in Western Azarbaijan Province Iran[J]. Dutch journal of finance and management, 2019(3): 1-5.

第八章 成人教育

根据伊朗宪法，接受各级教育是社会上所有人无可争辩的权利。成人教育问题被认为是伊朗重要的教育问题。伊朗人信奉无论环境如何，人的一生都要不断接受教育。长期以来，伊朗政府采取了多项措施促进和改善已有的成人教育方案的实施，以满足成人教育的需求与目标。

第一节 成人教育的发展和现状

一、成人教育的发展

1979 年伊朗伊斯兰革命后，人们认识到有效的识字运动应摆脱官僚主义的复杂性，使每个伊朗人都能读写。为了处理这个问题，伊朗政府成立了一个新的组织促进成人扫盲项目的开展。此后的伊朗成人扫盲运动大致可分为三个阶段：从 1980 年 1 月到 1981 年革命委员会通过相关规则为第一阶段，从 1981 年到 1984 年议会通过相关新法律为第二阶段，从 1984 年开始正式实施新项目之后为第三阶段。第一阶段，因没有具体的组织，扫盲运动缺乏系统规划，更缺少足够的预算和有效的人力资源，以至虽然有784 027名学生参加培训，但只有53 172人完成课程并获得证书。第二阶段，随着新的项目组织形成，新的规定产生效力，伊朗政府计划到1983年将识字率提升到90%，这一阶段的成人教育取得了快速进展，包括项目的组织、教学方法和人力资源的可用性等多方面都取得了很大进展。此时，教科书内容被重新修订。然而，学习完成率较低仍是这一阶段的主要问题。第三阶段，成人扫盲运动基本属于教育部的管辖范围，根据当时新颁布的相关法律，10岁以上的公民都必须学习阅读和写作、基本算术和伊斯兰文化。根据当时的规定，成人教育分为三个阶段：第一阶段为5个月的预备阶段，相当于小学的头两年；第二阶段分为两期，3个月和6个月，主要是提高阅读、写作和算术能力，增加一些知识，特别是思想知识；最后一个阶段，持续9个月，每天3—4个小时。最后一个阶段的教材和课程标准与小学五年级使用的教材和要求相同。从统计数据来看，1984年以后，接受过扫盲教育的成年人比例大大增加——超过人口的一半。然而，由于文盲女性的人数依然远远超过识字女性，而且越来越多的男性参加成人课程，男女之间的识字差距继续扩大。总体来看，伊斯兰革命以来的扫盲运动已惠及数十万成年人。然而，伊朗的成人文盲基数仍然庞大，成人教育仍需持续关注。

二、成人教育的现状

在大规模推广成人教育的需求下，伊朗采用多种途径共同推进成人教育规模扩大，形成了伊朗成人教育的多种类型与多样化机构。

（一）伊朗成人教育的主要类型

1. 农村成人扫盲教育

　　成人教育在农村地区至关重要，它通过消除文化匮乏和文盲，提高公众意识水平，在许多领域影响人们的生活。伊朗的成人教育方案主要是对那些未能完成初等正规教育的成人实施的教育。为了降低全国范围的文盲率，伊朗教育部举办了数量众多的成人扫盲班，并给予了大量补贴。与此同时，为促进成人扫盲教育的发展，教育部还在不同城市组织了大量的短期培训班。农村成人扫盲教育让成年人有机会获得最长 5 年的初级水平教育，包括通过夜校、初等学校和中等学校进行多种形式的学习。成人扫盲教育课程以学期为单位实施，一般规定学员最低年龄为 18 岁。[1]

　　伊朗农村成人扫盲教育服务包括三个基本阶段和一个后扫盲教育项目。第一阶段的识字水平相当于正规教育系统小学二年级的识字水平。通过学习，学习者能够认识波斯语字母及其组合，并能够用来拼写单词和句子，能够阅读简单的波斯语文本，以及掌握足够的计算技能以满足日常生活需要，学生获得证书的成功率是 42.27%。第二阶段的水平相当于正规教育系统小学三年级的水平。这个阶段的目的是让成人学习者在一定程度上掌握波斯语的单词、句子和文本，能够通过阅读理解他人的想法。在此阶段，他们还可获得必要的算术技能和阅读《古兰经》的能力。第三个阶段的成人扫盲教育于 1991 年开始实行，相当于小学五年级的教学水平，目的是进一步提高成人必要的阅读、写作和算术技能。这一阶段专门为希望继续深造的成年学生开设。为了避免脱盲人员返盲，并在新文盲中培养有效的职业技能，伊朗教育部计划并执行了一个促进阅读的后扫盲教育项目。

---

[1]　ALI A G. Literacy and adult education in the Islamic Republic of Iran[R]. Paris: UNESCO Executive Board, 2002: 220.

自 1994 年以来，后扫盲教育项目开始正式执行。有研究表明，虽然这个项目的结果在短期内是不明显的，但从长期来看，效果十分明显，后扫盲项目对保障成人扫盲教育质量和效果的持续性十分有益。

伊朗农村成人扫盲教育通过加强个人的社会和职业技能，提高了农村经济水平和人均收入，并激发了农村人口改善其村庄和生活条件的热情和强烈动机。学习阅读和提高知识获取能力成为所有农村男性和女性的典型权利。农村成人教育的终极目标是提高农村人口的生活质量，通过扫盲行动计划和课程设计增强农村生产力和吸引力，并使农村地区尽快达到城市发展水平。农村地区的成人教育既能提升农村地区成年人的道德价值观念，又能提升农村地区成年人的知识和技能水平，还能提高他们以最佳方式利用信息和自然资源的能力。因此，以人的发展为基础的新的农村发展哲学，高度重视自力更生能力的提升和终身教育，特别是建立持续的非正规的学习制度。

2．成人职业教育

伊朗的失业率是非常高的，农村地区人口和城市未受教育人群失业率更高。为了降低失业率，伊朗高等教育机构的一项重要任务是提供职业技术项目，帮助农村人口和社区居民做好准备，填补相关领域的人力空缺。开展职业技术项目的目的是为工业、石油业、农业、商业、服务业等行业培养人力资源，以适应国家的区域和经济需要。由于任何一所社区学院都不可能提供所有的职业课程，因此若要有针对性地解决学院服务的地区和社区的就业需求，使学院的课程适合这些需求是很重要的。[1]

---

[1] KHODI A. A two-year comprehensive community college model for developing nations: a case of Iran[J]. ERIC clearinghouse for junior colleges, 1988(11): 1-20.

在职培训是伊朗许多种非正规教育培训中最重要的一项，指专为提升或更新在职人员的知识和技能而举办的各种职业技能培训，课程涵盖基础教育到专业课程，根据学员的工作内容可以在工业、农业、行政或商业环境中进行。[1]

3．成人继续教育 [2]

伊朗成人继续教育为完成基本扫盲课程的成人制定特别读书方案。读书方案由识字运动的组织者与指导者负责执行，每个阅读小组的人数从 14 人到 20 人不等，项目期限为 14 个月。活动丰富多样，包括阅读易读的小册子、讨论书籍内容、学习创作技能和手工艺、向学习者推行印刷文化、教授写摘要和信件等多项内容。该项目设有函授课程，学习者会收到函授手册。之后，他们填写一份问卷，并将其寄回识字运动组织办公室，办公室每年给每位学员寄出 12 本手册。在课程结束时，相关学院要组织一次考试。这个远程读书方案覆盖了 78 526 人。

通过民众传播促进偏远地区的继续教育是为农村地区的成人继续教育设计的另一项方案。由于农村人口分散在不同的地理区域，扫盲后方案必须是灵活的。在每一个偏远的村庄和小城镇，都有一位村民们认可的社会楷模或合格人员负责执行继续教育方案。考虑到学习者阅读需求和兴趣的多样信息以及他们当前的环境，联络人给他们包括书籍、小册子和评估表格在内的教育包，并鼓励他们学习，帮助他们解决受教育问题。与此同时，政府还实施了与家庭成员一起阅读的方案，以促进学习者及其家庭的阅读习惯。根据这个方案，向不同层次的新文人 [3] 提供各种主题的材料，让他们在家人的支持下继续阅读。

---

[1] ALI A G. Literacy and adult education in the Islamic Republic of Iran[R]. Paris: UNESCO Executive Board, 2002: 221.

[2] ALI A G. Literacy and adult education in the Islamic Republic of Iran[R]. Paris: UNESCO Executive Board, 2002: 223.

[3] 新文人：指刚刚接受过成人教育的人。

（二）成人扫盲教育的措施

为了满足成年人的学习需要，伊朗政府制订多样化的专门计划，创建和执行众多扫盲方案：教育部通过多种措施开展成人扫盲教育；国防部为了提高兵员质量，不但每年培训数以万计的成人，而且组织了大量的班级教授阅读、写作和算术；司法部为了宣传法律，每年组织大量的政府官员和中等学校的毕业生去成人夜校教授知识。可见，伊朗成人扫盲教育的对象、实施主体和措施都较为丰富。伊朗成人扫盲教育的常见措施可以概括为 11 个方面。①一对一扫盲，即要求每个有文化的人都要扫除一个文盲。扫除一个文盲者可以获得奖金。根据"人对人"计划，一个受过训练的有文化的人负责帮助他人摆脱文盲状态。该计划在许多村庄得以推广。②扫盲与机关工作和工厂生产同时进行。此项措施很成功，很快可扫除机关及工厂的文盲。③武装部队扫盲。要求凡有文盲的部队限时予以扫除。甚至在两伊战争中，伊朗把扫盲工作引进到了战壕之中。④组织学生家长进学校扫盲班。学校负责扫除学生家长中的文盲。还有一项计划要求农村地区父母继续上学，在学校校长、教师、教师家长协会成员以及高中学生的帮助下接受继续教育。⑤由清真寺开展扫盲，即由清真寺领拜人负责组织扫除所辖范围内的文盲。政府在每个省和镇的清真寺中设立扫盲人员，鼓励文盲参加扫盲班。⑥学生给家长扫盲。由学生带上扫盲教材和其他学习用具，帮助家长脱盲。⑦狱中扫盲，即组织在监狱中的文盲犯人识字。⑧移民扫盲，即由于战争城市居民从一个地方迁往另一个地方，由所迁往的城市负责移民扫盲。⑨游牧部落扫盲，即对逐水草而居的游牧部落配以专职教师跟随移动扫盲。⑩行业扫盲，即在不同行业组织扫盲班进行扫盲。⑪开展"奔向光明的一步"扫盲，即由有文化的人上门登记文盲，并动员文盲上扫盲班。[1]

---

[1] 李进才. 高教改革与发展趋势探析 [M]. 武汉：武汉大学出版社，1997：359.

（三）伊朗成人教育的主要机构——自由大学 [1]

伊朗的成人教育，基本上是通过自由大学进行的。自由大学把人们急需的文化科学知识送到千家万户，使那些不能离开家庭和工作岗位的人同样得到受教育的机会。伊朗的自由大学 1977 年开始招收第一批学生，它的建校宗旨是将各种不同的教育新教程引入伊朗并使之得到应用，目标是培训需要的专家，扩大高等教育的机会，提高高等教育的质量，做好终身教育的准备，提高大众的普通知识水平。[2] 伊朗自由大学的教育计划部决定了伊朗自由大学前五年将提供的四种教育，分别是教师教育、医事训练、农村发展与普通教育。伊朗自由大学的教学体系十分独特，与传统大学不同，它既没有住校学生，也不提供宿舍，更没有传统大学拥有的许多机构。伊朗自由大学主要依靠远距离教学。它为学生在易于集中的地方建立了学习中心，授课系统在结构上是高度适宜的。它有着遍布在全国各地的学习中心网，配以函授教材、广播、电视节目、视听设备与科学实验装置。每个学习中心都提供图书馆服务、计算机终端服务、视听录音内容，少量的教学设备、语言实验室与科学实验室，以及咨询、辅导和文娱活动。

伊朗自由大学的教材设计与准备是由课程编制组进行的。通常，课程编制组由专家、教育家、课程讲授者、广播电视节目制作者及编辑人员组成。在出版机构和媒体制作机构的帮助下，课程编制组为学生创造适宜的多媒体完整节目。这些节目由课文、印刷材料、电视广播节目与实验、视听装置组成。

伊朗自由大学的广播电视节目是由伊朗国家广播电视部制作并播放的。在节目播出第一年，播放任务大约是每周六天，每天一个半小时，包括广播节目和电视节目。每个广播、电视节目播放两次，同时这些节目将制成磁

---

[1] 关世雄、张念宏. 世界各国成人教育现状 [M]. 北京：北京出版社，1986：225.

[2] 房玉琦、孙胜利. 成人教育知识手册 [M]. 南京：南京大学出版社，1992：204.

带，发给各地学习中心，作为学生的参考。此外，政府还定期给学生送节目表，通知他们广播节目的内容，并帮助他们了解课程和节目的前后关联。

在伊朗自由大学的教学体系中还有一项特殊的、永久性的、基本的项目，就是对广播节目的研究与评价，因为研究与评价能不断提供有关教材质量、课程节目质量以及学生对于教材的使用情况。这种形式的研究与评价目的在于找出伊朗自由大学的弱点，提供可选择的、改进这种教育的计划。研究与评价项目可以作为一种革新工具，因为在远距离教学体系中，学校的计划表、管理者、课程设计者、制作者在时空上或远或近地与学生分开，要在这种情况下保证教学质量，就必须做好学术研究及多媒体教育的评价。伊朗自由大学在保证教学计划进行的同时，组织了媒体研究，并进行了评价。这一活动的主要分为四大类：图书馆研究、节目播放前的评价、媒体效果的评价、听众研究。

第二节 成人教育的特点

一、扫盲教育是核心内容

伊朗高度重视成人扫盲教育。自 1979 年开始，全国就不断掀起扫盲运动高潮，并成立了全国扫盲运动委员会。各省也建立了相应的成人扫盲教育机构，要求扫盲教育不仅要让成人学习文化，同时要加强成人的思想教育，达到能读《古兰经》的程度。扫盲教育根据城乡、牧区等的不同情况，制定不同要求的扫盲方案，政府免费提供扫盲用的文具、纸张及书籍。相比成人扫盲教育来说，成人的专门职业培训开展较晚，且规模远远不及成人扫盲教育的规模。伊朗成人教育始终是以农村成人扫盲教育为主体的。

二、课程关注工作导向

伊朗政府意识到，那些不认为读写对他们有真正帮助的学习者，在实际学习中，往往是缺乏毅力和不容易成功的。而有一些成人学习者，虽然他们学习的内容与工作无关，但因为他们工作中需要读写能力，学习过程中更容易坚持并获取成功。可见，不一定要把读写能力强加于一种非物质的功能上，应引导人们认识到读写的实用性功能，提倡人人都应该识字，以激励他们学习。但如果有些人的工作没有得到识字的帮助，那么也要确定他们履行的其他职能需要识字辅助，如果他们是文盲，这些职能不可能完全有效地发挥作用。如果识字教学被认为仅仅是阅读和写作教学，它可能满足一个道德或政治的要求，但功能性扫盲教学反映了对经济发展和社会进步的渴望。识字教学的第一个意义是知识的获取，而功能性识字教学的目的是实践能力的传递。正是由于这个原因，工业领域的职业培训和农村地区的农业培训是所有功能性扫盲方案的关键。从这些角度来看，识字教学可以提供一种工具，可以用于掌握已在培训过程中传授给工人的技术信息。

第四个五年计划强调提高生产力，克服农民不懂现代生产和销售方法以及产业工人缺乏技能等经济瓶颈。为了达到此目标，伊朗实行提高人力资源素质的政策，此政策被认为具有决定性作用。实用识字试验项目即是此政策中的一部分。实用识字是指任何以发展为中心的识字活动，被视为发展进程的组成部分。伊朗的试点项目强调扫盲带动职业培训或预培训。扫盲方案的职能性来源于其与工作技能的联系，"职能性"一词可用"面向工作"一词来恰当地表示。每一项功能性识字方案都应处理涉及技术水平的"问题"，只有获得和应用必要的知识和技能才能达到或通过这种技术水平。因此，在编制课程和编写阅读材料、社会方案及向农村人口提供专业技能时，要注意日常需要和社会关切。国家和地方教育当局都应充分认识到这些至关重要的问题。

三、注重利用多种媒介开展远程教育

伊朗成人教育组织早已意识到，充分利用各种媒体，并加以融合，可以改善成人教育的效率，提高教育的质量和数量。自 1990 年以来，伊朗国家监管的报纸上一半的版面被分配给教育文章。这些文章就各种话题向新文人传达不同的信息，在城市和农村地区拥有十分广泛的读者。此外，电视节目也协同播放与上述文章相同的内容，从而加强文章信息的传播，并促进观看该节目的新文人的阅读能力。自 1997 年起，相关部门开始制作适合新文人学习需要和新文人感兴趣的功能性、宗教、社会主题、日常生活技能和教育活动的节目，并在电台特别为农村地区播放。举办专题书展是另一项重要的媒介活动。以往，书籍常常只为那些有限的高文化水平的人群编写，新文人和识字水平较低的人，特别是生活在农村地区的人，往往被忽视，市场上基本没有适合他们看的书。扫盲运动组织通过在小城镇和农村地区举办适合新文人阅读水平的书展来解决这个问题。经国家公共图书馆董事会的批准，每个图书馆都配备了存放适合新文人阅读的材料的书架，其目标是扩大教育活动，在新文人和图书馆之间建立联系，并鼓励自学。对于一些没有足够时间参加课程和教育方案的农村人口，还可以通过邮政服务向他们提供阅读材料教育包。先将阅读材料教育包分发给学习者，待学习者学习完成后再邮寄回去。最终目标是创造一种学习和自力更生的文化。[1]

四、成人教育存在性别差异

伊朗成人教育在普及范围、教育内容等方面存在男女性别差异。已有

---

[1] ALI A G. Literacy and adult education in the Islamic Republic of Iran[R]. Paris: UNESCO Executive Board, 2002: 224.

调查发现，成人教育项目中的学员多是男性。尽管许多成人教育项目为了吸引女性接受学习进行了努力，但由于文化背景、性别观念等影响，女性依然相对较少地接受成人阶段的扫盲学习。同时，伊朗成人职业教育的内容倾向于在专业上实行男女分流。成人职业教育项目把女性所能学习的专业多限制在人文类、社会科学类等被认为"符合女性自然属性的专业"。女性被认为"最适合学习教育和医学等专业"，而不是与科技、工业相关的"男性专业"。这就导致了伊朗女性在接受成人教育过程中遭遇不平等对待，工作范围也进一步被限制。伊朗女性多从事护士、秘书、保姆、缝纫工等低收入职业，更多的是在家庭中履行全职母亲和妻子的角色。随着时代发展，伊朗女性职业学习自主性得到了一定程度的提高，但是传统的两性观与教育制度还是深刻地影响着女性的职业继续教育。[1]

第三节 成人教育的挑战和对策

一、成人教育面临的挑战

（一）视听媒体辅助教学需要进一步规范化

根据伊朗成人教育组织者的观点，虽然各相关项目尽量尝试使用多种媒介进行成人教育，但一直以来，规范使用视听媒体仍是试点项目的主要弱点之一。视听媒体可以使单词与图像建立更为直接和密切的关系，从而使扫盲和培训方案更加有效。此外，要想扩大成人教育的规模，试听

---

[1] 陈卓. 伊斯兰革命后伊朗青年问题研究 [J]. 青年探索，2015（6）：58-63.

媒体的作用也是必不可少的，因为他们可以降低每个学员学习的成本。视听媒体在成人教育中的使用方式十分多样。例如，通过海报、广播和电视激励和增加成人的参与，使其理解传统识字和功能性识字教学之间的区别，使公众明确接受成人教育的目标和目的。再如，将视听媒体与识字培训方案一起使用，以视听媒体作为辅助设备，在教学中同时使用多样化的教学介质。视听媒体可以提高扫盲方案的有效性，广播、地方报纸和带插图的小册子都可以成为主要使用的工具。研究表明，无线电广播有助于保持和加强学生对识字方案的最初动机，也可以解决通信不发达地区成人学习的距离和隔绝问题。伊朗已有的成人教育经验表明，利用以电视为主的大众传播媒介进行成人教育，能够促进成人扫盲教育取得良好效果。

伊朗成人教育虽然已经进行了多年探索，但到目前为止，依然缺乏视听媒体辅助教学的严格组织模式与规范。而相关组织者也强调，要使视听媒体有效，就需要有一个相当严格的教学流程与组织，从而避免可能出现的意外情况。视听时间、视听媒介的内容都要与成人教育方案存在一定程度的一致性。同时，也应看到，节目的多样性和"量身定制"的内容有时又似乎忽视了课堂上可能出现的意外，即时"反馈"效应完全不存在。可见，如何合理运用视听媒体是一个亟待解决的问题。伊朗成人教育利用视听媒体辅助教学需进一步加以研究，从而达到科学化与规范化。

（二）成人教育的培训目标需要进一步明晰化

尽管伊朗拥有大量的经济资源（如石油），但却长久缺乏高素质并且与时俱进的人力资源。伊朗成人教育以往对于高素质的定义，已经受到挑战。已有成人教育方案一般强调培训成人的识字能力与工作技能。但因培训目标不明确，作用不明显，也导致成人教育的效率低下。因此，必须事先对培训活动所要达到的目标有一个非常明确的想法。例如，识字活动的主要目标是通过提升各个特定领域的人力资源的文化水平，从经济和社会两方面进行改变，除非各项目标、指导原则、方案、方法和教育程序协调一致，否则识字活动就无法达到预期的目标。活动的所有要素都必须以合乎逻辑的方式规划在一起。考虑到预期的目标，伊朗成人教育试点项目倾向于认为识字教育是学习解决问题的方法。于是，学员所学的（阅读、写作、算术、新技术）知识必须适用于所在工厂、田间或家里遇到的实际问题，也就是说识字教学和技术培训总是需要面向工作。而合格的人力资源同样需要社会心理方面的培训，特别是要培养从事一项工作所必需的态度和习惯。责任感、团队精神、严谨、守时、持续努力、主动精神、热爱本职工作等方面品质的培养，都应成为以工作为导向的成人教育计划的组成部分。

（三）成人识字教育的阅读材料需要进一步充实

尽管伊朗在创造社会阅读文化氛围和提高图书馆利用率方面做出了很多努力，但成效仍然不足，尚未取得令人满意的效果。一些成人扫盲教育项目注重为学员制作阅读材料，包括日报、手册、公报、补充材料等，涵盖的主题范围十分广泛，但在为成人提供体验、观察、反思和推理的机会方面做得不够，因为材料应注重成人所获得的经验，而不是主题本身的发展。为了获得这种经验，阅读材料必须考虑到读者在相关主题方面已有的知识、信念和能力。换句话说，就是准备阅读材料之前，需要调查成人读者知道什么，不知道什么，或知道做什么，不知道做什么，以及他们对构成主题的总体态度。因此，为识字课程准备文本应基于对未来读者的了解与尊重，涵盖读者需处理的问题。然而，提供这样的阅读材料并不容易，伊朗成人识字教育的阅读材料还有很大的提升空间，需进一步充实。

（四）成人教育的相关研究成果需要进一步丰富

自从 1964 年 11 月教科文组织大会第十三届会议认可了试验性的世界扫盲方案以来，伊朗的成人扫盲教育试验项目是引起教育专家最强烈和最持久兴趣的项目之一。伊朗成人教育可以说是一个研究、尝试用"生态化"方法提升成人的功能读写能力的试验场。在此过程中，组织者首先查明妨碍学员达到优先发展目标的问题，然后找到解决这些问题的办法，最后将这些办法落实到具体的培训方案中。这种基于研究的教育与培训方法值得认可与提倡。但总体来看，伊朗依然缺乏关于成人教育的较为权威的研究成果。例如，到目前为止，还很少有研究专注于调查成人教育在多大程度上有必要在发展中国家（特别是伊朗）大规模开展，以及如果有必要该如何应对。伊朗成人教育领域的诸多课程并不符合整个教育体系、就业条件、获得更多学习机会等方面的要求。此外，成人教育课程往往时间过短，导致了教育质量的下降。由于人口构成的复杂性，伊朗必须采取必要的步骤来促进成人教育与终身教育的开展，而科学开展成人教育也需要足够的研究成果支持。

（五）成人教育需要转变以教师为中心的教学模式

伊朗成人教育仍然主要是以教师为中心的，导致成年人缺乏学习动力，成为成人教育的障碍。一名普通教师转变为一名进行实用识字教学的成人教师并不容易，他们难以适应识字教学和职业培训相结合的功能教学法。因此，最好选择与成人学生具有相同社会和职业背景的教师。但有学者认为，问题的关键更多是培训能力问题，而不仅仅是教员的社会和职业出身问题。掌握一种特定的技术并不一定意味着能够以一种容易理解的方式解释和教授这种技术。因此，一名优秀的成人教育教师应该同时拥有一些教学能力和技术能力。而要做到这一点，他们都必须首先接受培训。

二、成人教育的改革对策

（一）注重个体的文化立场

为了适应不同的学习速度，应发展一种既鼓励团体间和社区间的支持，又允许个人根据个人能力取得进步的教学模式。例如，可以按照"家庭阅读"和"人与人"学习方案的方针，向农村地区的所有家庭提供特别扫盲方案。成人教育在城市和农村地区成功的关键因素是在制定和实施各种教育方案时尊重每个人的个性和价值体系，并考虑到他们的文化价值。

（二）根据需求制定成人教育课程和教材

成人教育课程和教材要符合不同人的年龄、性别、职业、兴趣、能力和社会的实际需要。课程和教材制定要建立在从学习者身上了解到的信息之上，如他们的愿望、需求、优先考虑的事情、习惯和态度等。要非常清楚未来的学习者可能是谁，他们对读写能力的需求是具体的还是模糊的，如果是后者，哪些读写技能可以帮助他们得到显著帮助。

（三）采用多种方法促进农村地区成人教育

伊朗成人教育必须高度重视向农村青年传授基本和实用的农业技能，并为新学习者提供简单和适当的阅读书籍；要向感兴趣的个人，特别是农村地区的妇女传授简单、有用的手工艺技能；要使新的学习者都有权利与机会参加村庄的"农业教育"项目；要为农村地区的新学习者扩大和更新图书馆和信息中心；要提供有用和实用的书籍、信息丰富的期刊和报纸；

要持续为农村人口制作简单实用的教育材料、阅读书籍、录像带和磁带；必须在每一个村庄设立家庭和教育咨询中心，由高素质的咨询人员担任；同时，有必要利用专门无线电频道来传递文化、专业知识和教育信息，并为农村地区人口制作有吸引力的社会节目。

第九章 教师教育

世界各国教育的进步和发展，离不开教师数量的扩充与教师素质的提高。纵观国际上各个国家的教育改革，都十分重视教师教育在提高教育质量和提升学生成绩中的重要作用，与之相应，也十分重视教师的培训与专业发展。越来越多的证据表明，在诸多教育资源中，教师的能力对学生的学习成就尤其重要。伊朗学校制度建立后，人们很快就意识到，必须保持合格教师的数量持续增长，提高教师的专业水平与综合素质，才能满足学校教育的需求。在日益强烈的教师培训要求下，伊朗的师范学校应运而生，教师教育系统逐渐形成并完善与发展。

第一节 教师教育的发展和现状

一、教师教育的发展

伊朗正规教师教育的发展已有百余年历史。从第一所教师教育机构——中央师范学院的建立，到1979年伊斯兰革命后教师培训学校的改革与迅速扩张，整个过程伴随着教师培训层次、方式、内容的改革。伊朗教师教育经过百余年的发展，逐渐确定了教师培训学校分布的基本格局，明确了教师培训的目标与导向，并覆盖了从基础教育到高等教育全阶段的教师培养。

1980—1981 学年，伊朗所有原有教师培训学校解散，取而代之的是四年制教师教育学校。伊朗所有教师培训大学、学院和其他机构都是公立的，全国范围内没有从事教师教育的私人机构。因此，在培训中心学习的学生不必支付学费或任何其他费用，而是签订协议，在毕业后到需要的地方去担任教师。就读期间，学生还能得到少量津贴或贷款，以顺利完成该阶段的学习。在学完课程和通过考试后，学生往往被派往农村地区的学校担任教师，以满足农村地区不断增长的教师需求。至 1992 年，这类教师培训大学或学院已有 357 所，总入学人数达到 48 256 人，其中 40% 以上是女性。当前，伊朗职前教师教育依然主要在师范教育大学或学院中实施，有志就读教育学专业的学生，须在普通高中毕业后参加全国范围的大学入学考试，再在师范教育大学或学院学习四年，为入职教师职业做好准备。

值得注意的是，1979 年革命以前，伊朗没有专门培训高等教育教师的机构，随着教育的整体发展，高等教育人才的需求逐渐凸显，伊朗高等教育教师培训才得以发展。1982 年，塔比亚特·莫达雷斯大学建立。1983 年，该大学被文化部和高等教育部共同批准招生。同年，该大学招收了 123 名学生，起初分为 11 个人文学科专业，后来扩展到农业、艺术、工程、医学和自然资源等多个领域。塔比亚特·莫达雷斯大学自建立之初，便集研究、人才培养、对外交流的功能于一体：第一，该大学为学校以及外部机构和行业的研究计划提供设施；第二，该大学致力于改善与其他国家和高等教育机构的关系；第三，该大学常年派遣伊朗学生到外国学习，加大人才的国际交流；第四，该大学筹备了高等教育研究中心。塔比亚特·莫达雷斯大学的主要教学目标是帮助学生做好准备，让他们能够在伊朗的大学或高等教育机构担任教师。因此，学生必须学习教育、教学方法、逻辑和方法学以及伊斯兰意识形态等 13 门课程，这些课程的学习为学生提供了增进智力和拓宽教学视野的机会。另外，学校也允许学生专攻将来教学的某一个领域，从而使学生的学习达到"博"与"专"的统一。

二、教师教育的现状

（一）教师教育的类型

伊朗的教师培训包括针对准教师的职前培训项目，也包括针对在合格培训师监督下未经培训的现有教师的在职培训项目。

1. 教师职前教育

教师职前教育课程是指在职前教师获得真正的教学经验之前为入职做准备的课程。这些课程旨在使职前教师熟悉教学方法、技巧和实践，为真正的教学实践做好准备。教师职前教育被认为是教师职业教育中的一项重要经验，为职前教师提供体验承担专业教学这一核心任务的机会。职前教育阶段为职前教师提供可控的学习环境，在这种环境中，职前教师可以学习教育的原则与方法，并尝试将这些知识付诸实践。教师职前教育是职前教师在从事任何教学之前必须经历的过程，其目标是掌握入门级别的教师职业技能。

伊朗教师职前教育是一个有指导、有监督的教育阶段，在此阶段，通过理论学习与实践练习相结合的方式，职前教师逐渐被导师与合作教师（实践指导教师）引入到某一特定班级的教学角色。在合作教师与职前教师的合作中，合作教师鼓励职前教师在课堂管理和教学中逐步承担更大的职责。职前教师以观察者的身份开始，以胜任的专业人员的身份结束职前教学体验。

在伊朗，教师不仅要获得教育的技能，其未来所要教授的学科内容也同样受到重视。教师职前教育可以让职前教师参与各种类型的一般主题活动，以使他们在这些方面更有知识，为他们在未来的课程中学习教学技能做好准备。[1] 因此，在进入任何职前教育之前，大多数职前教师须得到他们将教授的学科（如英语、数学、科学和宗教）的普通或荣誉学位。

进入职前教育课程学习后，职前教师将学习成为教师所采用的特殊方法、教学内容、评价方式以及包括学校规章制度在内的整个课程。教师教育计划中包括教育原则、教育心理学、教学方法和教学实践等专业教育科目和教学科目的学习。教师教育的过程丰富了职前教师的个人实践知识和技能，但重点是做好课堂操作中的实践准备。职前教师将学习如何利用已有知识和技能制订教学计划，常见的主题包括课堂管理、课程计划和专业发展。因此，教师教育方案中的一个重点是实习，即职前教师被安排在学校环境（小学或初高中）中，并由一名经验丰富的教师进行指导。职前教师有机会通过撰写教案、授课和课堂管理进一步培养教师技能。虽然一般大学课程、活动和实践为职前教师储备了知识和经验，但职前实践教学为他们提供了机会来体验承担主要教学职责的要求和有益任务。

2．教师在职教育

教师素质的提高可以通过制定系统可靠的教师教育政策和在职培训来实现，这有两个好处，一是引导教师对已有知识进行回顾，二是激励教师将已有知识与新的教育技术相结合。[2] 伊朗的教师培训可以是职前教师的职前教育课程，也可以是未经培训的现任教师在合格培训师的监督下的在职培训项目，在

---

[1] GHOLAMI J, QURBANZADA I. Key stakeholdersí attitudes towards teacher education programs in TEFL: a case study of farhangian university in Iran[J]. Journal of teacher education for sustainability, 2016, 18(2): 5-20.

[2] MARANDI S. Preparing for a digital future: CALL teacher education in Iran[J]. Innovation in language learning and teaching, 2019(3): 223-240.

职教育同样是伊朗教师教育的重要组成部分。在伊朗学校工作的人分为三个群体：教师队伍、管理队伍、教育质量队伍。教师队伍群体主要包括小学教师、初中和高中教师、职业学校教师和职业学校培训师。管理队伍包括校长、生活和社交技能发展助理、技术助理、行政助理、公共事务助理和教育助理。教育质量队伍包括顾问、教育和生活技能事务培训师、保健员、教育主管、寄宿学校负责人、识字运动负责人、康复负责人和计算机站点操作员。教师在职教育以教师队伍的在职教育为核心，同样也重视管理队伍的在职教育。为保障在职教育的教育质量，负责在职教育的教育队伍也要接受定期的培训和指导。[1]

（二）教师教育体系

当前，伊朗教师教育已经建立了清晰的教师教育体系。伊朗由两个相对独立的中心——教师培训大学或学院和高等教育机构主要负责教师教育，通过各大学的国家入学考试以及毕业资格鉴定等方式保障新教师质量。教师教育培养不同教育层次的教师：一是小学教育阶段教师，二是中学教育阶段教师，三是职业教育阶段教师，四是高等教育阶段教师。小学教师在教育部的主持下，主要在一些培训中心、师范学校等教育机构接受培训；在科学、研究和技术部的指导下，中学教师主要在教师培训大学或学院接受培训。当前，伊朗的所有大城市和一些小城市都有教师培训大学或学院。这些机构颁发的证书是一般高等教育文凭或文学学士学位。

1. 小学教师教育

（1）小学教师培训中心。伊朗政府建立了小学教师培训中心，为城市小

---

[1] AVANAKI H J, SADEGHI B. A comparative study of teacher education in Iran and the UK[J]. Journal of language teaching & research, 2014, 5(5): 1153-1159.

学培养教师。这些中心为已经完成中学学业的学生提供 1 年的课程。一个学生每周大约有 39 个课时的课程，课程包括：工艺美术、儿童心理学、儿童文学、教育组织、卫生、图书管理、数学教学法、音乐、波斯语、波斯语教学方法、体育、实践教学、教具准备、教育原理、宗教、科学教学方法、社会研究教学方法等。

（2）师范学校。起初向中等教育的应届毕业生开放，培养在正规寄宿学校教课的农村地区女性教师，为她们提供为期两年的培训方案。后来，政府最终计划用一年制大专学校取代这些学校。游牧部落的教师在特殊的师范学校内接受培训，学校为这些部落中完成了小学教育的男女学生提供一年的培训课程，从而为基础教育提供师资。

（3）教育团队。为了补充农村地区教师的供应，满足儿童和成人对基础教育和识字训练的迫切需要，战争部和教育部合作建立了教育团队。已完成中学学业的应征入伍者可以接受四个半月的密集军事和教育训练。教育科目包括：实验科学、教学方法、教育学、波斯语、心理学、宗教学、社会科学，以及儿童戏剧和运动、农村发展、农村经济、农村卫生、童子军、职业和农业教学等。完成训练的学生被分配到农村地区教学大约 14 个月。完成这项服务后，教师则需要额外接受四个半月的培训，然后，成为普通小学教师继续教学。

2．中学教师教育

位于德黑兰的全国教师培训和教育研究组织（前身为国家师范学院）提供两种中学教师的培训项目。

第一类，对大学学位持有者提供为期一年的培训计划，从而为中学教育的两个阶段培养教师。它所开设的课程主要包括：教育心理学、普通心理学、教育史、哲学史、科学史、教学法、教育原理与哲学、心理测试、心理实验、科学教材、教学实践等。

第二类，四年的中学教师培训课程，课程可以分为两个阶段，每个阶段两年，对已经完成中学学业的学生开放。第一阶段主要是帮助教师储备初中教育的知识与技能。第二个阶段的学生可以获得教师执照，并有资格在高中任教。中学教师也可在伊斯法罕大学和德黑兰大学等大学接受培训，这些大学设有教育学院。

3．职业学校教师培养

纳尔马克的职业教师培训学院招收职业中学或普通中学毕业的学生，学生毕业后在职业学校教书。学制基本是四年，分两个两年学习阶段，课程内容是根据特定的技术专业而设定与组织的。完成学习项目后学生可以获得执照。

4．高等教育教师培养

伊朗只有塔比亚特·莫达雷斯大学一所大学进行大学教师培训。这所大学的毕业生被授予理学硕士或博士学位。理学硕士通常需要读二到四年，博士通常需要读三到七年。

（三）伊朗教师教育的管理组织 [1]

伊朗的教育高度集中，教育部全面负责教育的规划、财政、行政、课程和教材开发，教师培训、考试和评价也是教育部的职责。伊朗教育部有三个负责教师教育的部门：人力资源部门、教育规划部门和财务部门。

---

[1] AMIN M Y M. Teacher education in Iran: system, review and criticism[J]. Studies in literature and language, 2020, 20(1): 71-76.

人力资源部门主要负责的事项有：监督教师培训中心的发展规划、指示、章程以及所有活动通告的制定与发布；监督教师教育相关规划的执行；监督学徒制的开展、学术研讨会及其他相关会议的开展；与大学合作，提供必要的教学力量。教育规划部门的职责主要包括：预测每个年龄段"必须接受教育"的人口；协调不同单位的工作程序；确定教育计划在人力资源方面的优劣；确定一般政策，监督其在规划和发展事务中的应用。财务部门主要负责监督教育部所有行政和教育部门，监督教育部的组织事务以及地区理事会的发展事务，监督所有核心部门的预算和国外学校的赞助，监督中央相关部门的财务和服务。

伊朗教育部设置了若干部门联合制定教师招聘和培训政策，但这些部门的职责界定混乱，有时平行，有时重叠，这造成了教师教育政策的执行不力或力量的无端消耗，并导致了责任追究的混乱与困难。

（四）伊朗教师教育的相关政策

国家教育计划、第五个五年计划和国家教育发展文件是指导伊朗教师教育改革的三个国家级文件。[1] 国家教育计划明确提出了教师的职业要求：教师应成为道德、精神和科学的典范，负责指导学习者获取学习资源，为学习者的理性与忠诚、科学实践和道德成长奠定基础；教师应成为教育和培训员，组织和监督学习活动；教师应成为教育和培训研究员，担任班级和学习环境的建设者和管理者；教师应成为学习者学习动机的激发者，根据学习者的特点、课程的性质、空间、时间等条件进行教学，并综合使用各种方法和积极的教学策略。[2]

---

[1] AMIN M Y M. Teacher education in Iran: system, review and criticism[J]. Studies in literature and language, 2020, 20(1): 71-76.

[2] AMIN M Y M. Teacher education in Iran: system, review and criticism[J]. Studies in literature and language, 2020, 20(1): 71-76.

　　伊朗第五个五年计划规定实施教师教育的全面改革，以促进教育体系的根本变革和教育的协调，通过加大知识与技能的培训从而促进学生的身心健康。为了达到目标，政府有责任采取行动，培养专家型、科学型和创造型的教师，实现教师队伍数量和质量的发展，并实现与教育技术改革相同的目标。[1]

　　国家教育发展文件规定政府的职责为：建立长期为教师提供培训的机构；针对当前弊端，查明原因，系统化消除教育部人力资源短缺的情况；将大学教育能力的 25% 分配给政府，供教师接受继续教育；提高必要的教师福利，重点是解决住房和教师待遇等问题。[2]

　　以上文件为教师教育课程的设计和实践奠定了清晰明确的思想基础。在一些文件（例如第五个五年计划）中，人们更加关注高质量的教学。此外，在教学方面，教学技术的使用也得到特别强调。国家教育发展文件对教师的职业发展十分重视，特别讨论了教师招聘和继续培训问题，还尤其关注教师教学生涯发展的经济保障（住房和待遇），旨在消除伊朗教师招聘和培训制度中的众多缺陷。第五个五年计划和国家教育发展文件都提出教师教育的实践课程十分稀缺，几乎没有为新手教师提供实践课堂的真实场景，师范生或新手教师几乎没有机会实践他们所学到的东西，导致新手教师通常不满足于有经验的老教师对他们的教学反馈。两个文件都提到，教师教育项目在理论上成功地丰富了师范生的理论知识，即让他们了解了教学的历史、各种方法及其原则。然而，一旦在课堂上实践时，常常出现问题，师范生或新手教师不知道每一种教学方法的具体运用，在实际教学过程中常常遇到种种挑战。目前，伊朗教师教育逐渐重视加强教师教学实践训练的比重。

---

　　[1] AMIN M Y M. Teacher education in Iran: system, review and criticism[J]. Studies in literature and language, 2020, 20(1): 71-76.

　　[2] AMIN M Y M. Teacher education in Iran: system, review and criticism[J]. Studies in literature and language, 2020, 20(1): 71-76.

以上文件仅提供了基础性指导，以提供思想基础为核心，对微观的教师培训和教学问题仅做出了一般性的声明，不同的人可能以不同的方式对这些陈述进行综合解读，因此导致行动上常常出现混乱和分歧。有些规定（如国家教育计划中提到的相关要求）给教师带来了很多负担。教育政策中的教师教育计划和要求能否使教师在实践中做好履行规定职责的准备，亟待进一步调查和研究。以上官方文件并未涉及的关键点之一是教师教育课程的设计和实践方式。可以说，文件既未在教师教育的理论和实践之间建立牢固的联系，也没有充分重视教师教育学术研究成果的价值。

（五）伊朗的英语教师教育

伊朗的小学和中学教师在教育部主持下的若干教师教育机构中接受培训。为了培养6—8年级合格的英语教师，教育部招收取得高中毕业证书并通过全国统一入学考试的学生。他们常常被要求在教师培训机构再学习两年。为了有资格在高中从事英语教学，教师必须拥有一些主要大学的学士学位，包括伊斯兰阿扎德大学的一些分校以及其他一些公立大学。英语教师教育课程讲授普通英语和英语教学法，学员须是熟练的英语使用者，要了解英语教学中涉及的社会、心理、理论和实践的方方面面。在第一个学期，学员主要学习阅读、口语、学习技能和写作等课程，第二个学期主要学习与英语教学有关的课程。英语教师职前教育还为学员提供语言学、心理学、教学大纲设计、教学方法、研究方法和测试等课程，为他们为成为一名优秀的英语教师做好准备。[1]

---

[1] EBRAHIM N A. Validation and application of the constructivist learning environment survey in English language teacher education classrooms in Iran[J]. Learning environ res, 2015(18): 69-93.

第二节 教师教育的特点

教师教育通过传授知识和技能来保留与传承文化，并培养教师应对社会变化所必需的个人态度和能力，因此，教师教育是人类的持久需要。在伊朗，教师教育也是各级教育机构最关心的问题之一，经过百余年的发展历史，伊朗教师教育形成了自己的特点。

一、教师教育逐渐受到重视

随着时代的发展，伊朗社会对教师角色的定位不断发生变化。一名教师不仅要能够维持学校的教学秩序，以便向学生提供有用且促进智力发展的信息，还要能有效帮助学生学习与分析越来越复杂的学习材料。国家的整体教育质量在很大程度上取决于教师教育的质量。因此，教师的专业培训对提高素质教育至关重要，以提升教师教育质量为源头，提升（准）教师素质带来的利益将流淌到整个教育系统中。教师的作用逐渐被定义为：为所有学生准备更高阶的思维和实践技能。基于这样的教师角色定位，教师教育倡导者确信，教师资格认证与水平提升和学生的成绩之间存在明显正相关关系，且教师教育在教学质量提升中发挥着不可缺少的作用。伊朗政府与教育部门也愈加认识到合格的教师队伍是教育改革中的重要一环，社会发展与教育规划中应该更加重视教师教育。

伊朗合格教师的短缺更加凸显了教师培训的重要性。伊朗政府指出，只有经过足够的教师教育，培养出准备充分的教师，才能让所有的孩子得到他们应得的教育。于是，伊朗政府采取了多样化措施协同开展教师教育，提高教师素质水平。例如，通过暑期课程和在职培训项目帮助在职中小学教师，促进他们的知识、教学观念和教学方法现代化。伊朗政府认为：教育的真正迫切需要，是不断增加具有充分知识与技能准备的新教师；为教师培训学校提供更好的人员配备，即提供高水平的教师教育者，应受到重视；国家师范学院逐渐扩大规模，以及各大学的师范教育功能的发挥也都应受到重视与发展。[1]

二、教师教育体制不断正规化

经过百年发展历程，伊朗教师教育逐渐形成了规范的教育体制，在教师教育的管理、机构设置、体系建立等方面都逐步完善。伊朗的教师教育受教育部监督。教育部作为一个独立的部门，从对教师职业感兴趣的学生中挑选合格的候选人，聘任和资助他们，向他们明确教师职责，统筹管理设在伊朗每个城市的教育组织。这些组织负责开展教师教育项目，以提高教师的专业知识。所有与在职教师教育相关的责任、任务都由教育机构的主要负责人员决定，在这一管理体制逐渐正规化的过程中，也曾因为权力的过度集中而受到质疑。[2] 从接受教师教育的时间划分，伊朗教师教育包括职前和在职两个阶段。职前教师教育是职业教育项目中必不可少的一项。虽然其他大学课程、活动和实践也为未来的教师贡献了知识和经验储备，但职前教师教育却能够提供机会，让未来的教师体验即将承担的教学职责的要求和任务。职前教师教育的主要目标是使学生达到教学岗位的入门水平和技能。在职教师教育与职前教师教育则成互补，帮助在职教师根据时代进步所带来的教学新要求不断自我提升。

---

[1] MOSHFEGYAN M. Study of teacher education in West Azerbaijan[D]. Pune: University of Pune, 2012: 81.

[2] SAFARI P, RASHIDI N. Teacher education beyond transmission: challenges and opportunities for Iranian teachers of English[J]. Issues in educational research, 2015, 25(2): 187-203.

三、教师教育逐步开展改革

由于技术的进步，知识的增长速度越来越快。现有知识不断被新知识取代，不仅对教育者提出了与时俱进的教育思想要求，而且使学生选择教育内容的任务复杂化。社会的动态性质对教师教育者提出更高要求。教师教育不仅必须与当前教育目标相关，还必须服务于知识广度进一步满足知识的未来需要。"知识爆炸"和不断变化的社会需求所带来的问题在伊朗尤为突出，伊朗正经历一个知识与技能需求快速增长的时期，这主要是由于石油出口、不同经济部门的投资、工业化和农村地区的机械化等因素导致的。这些影响带来了改进教育制度的空前需求。在伊朗社会需求不断变化的情况下，伊朗教师教育不断寻求应对策略，改革教师教育的内容、理念、模式和方法等多个方面。伊朗教师教育一直在缓慢地打破传统的"教学模式"。例如，教师教育机构和教师教育工作者尝试制定有关如何利用信息与通信技术改善教与学以及在终身学习框架下扩大学习机会的政策。教师教育组织逐渐认识到，设计和实施成功的以信息与通信技术为依托的教师教育项目是基础的、广泛的教育改革的关键，教师教育机构需要在教育转型中发挥领导作用。职前教师必须精通信息与通信技术，并做好充分准备将信息与通信技术有效地融入教学。然而，改革需要较长历程，目前伊朗教师教育中的信息与通信技术融入度尚且不足，职前教师毕业时对如何将信息与通信技术有效地融入课堂依然知之甚少。教师教育机构和教师教育项目正在逐步探索新的教学方法和工具，并在此过程中尝试借鉴他国经验以及建构主义教学理念。

第三节 教师教育的挑战和对策

一、教师教育面临的挑战

越来越多的证据表明，伊朗的教师教育和发展是政府和教育机构面临的最大挑战之一。伊朗教师教育面临许多挑战，政府需要与提供师范教育的大学合作，共同建立相应机制以逐步克服现有障碍。

（一）教师教育规模尚不能满足教师人才需求

当前伊朗的教师供应问题仍然严重影响伊朗实现国家教育目标。一是由于学生人数增加而造成的教师短缺，二是即使有足够多的教师，他们的培训质量依然不高。师范院校中的教师许多都不是专业的教师教育人才，但他们却承担着培养专业教师的责任，这严重影响了教师教育的质量，然而，伊朗当前缺少关于在师范院校雇用专业的教师教育工作者的政策支持。缺少技能娴熟的职前教师教育者成为伊朗教师教育面临的核心问题之一。现有职前教师教育者主要从各个教育组织的教职员工中挑选，选择标准往往不是教学的专业程度、熟练程度及能力，而主要取决于他们与负责选拔事务的领导者的关系。当教师教育者无法跟上最新教育理念的要求，必然导致整体教育系统的改革发展缓慢。有学者指出，这极大地影响了教师教育对教师专业发展的促进作用，阻碍了教师教育根据教育理论的最新进展更新教师知识的进度，[1] 导致伊朗教育对专业的教师和教师教育者的需求越来越大。

---

[1] SAFARI P, RASHIDI N. Teacher education beyond transmission: challenges and opportunities for Iranian teachers of English[J]. Issues in educational research, 2015, 25(2): 187-203.

不断提升的入学率与不断增长的学龄人口，使学生数量快速增长，需要更多的教师以及教育设备实现教学功能。但伊朗教师教育注册人数并未随着现实需要增长。尽管伊朗正在努力满足教育需求，扩大教师培养规模，但若干城市的现状证明情况不乐观：在许多中小学，每个班级学生从 40 到 90 人不等，合格教师的供应严重不足，师生比严重不合理。1968 年，伊朗教育部通过了一项法律，规定所有接受过小学教育并任教三年的女学生都可视为合格的小学教师。这虽然缓解了一时矛盾，但却不能根本改变伊朗严重缺乏合格教师的现实。[1] 教师需求和供应之间的差距越来越大，严重缺乏合格教师，这是伊朗教师教育面临的首要挑战。

（二）缺乏合格的教师教育师资

健全的教师教育政策与充足的教师教育资源不仅有助于实现教育整体发展目标，且必将在改善国家的社会经济条件方面发挥决定性作用。[2] 目前，伊朗教师教育面临的问题之一是职前教师教育项目与在职课程均缺乏熟练的教师教育师资。伊朗的教师教育资源不足，[3] 而被派往进行在职教师培训的导师，其选择标准并不明确，选择过程也缺乏监督，导致教师教育体系对教师专业发展与知识更新的推动作用难以发挥。[4] 此外，伊朗尚无关于教师培训学院雇用教师的明确政策，高校也缺乏对教师教育工作者的正规培训。由于巨大的技术进步，基础知识正在以前所未有的速度增长，因此，伊朗教育者必须根据伊朗社会不断变化的需求，重新评估现有的教师教育计划，培养足够的、质量合格的教师教育师资。[5]

---

[1] MOSHFEGYAN M. Study of teacher education in West Azerbaijan[D]. Pune: University of Pune, 2012: 32.

[2] MOGHADDAS B, ZAKERI J. English teacher education in Iran[J]. ELT Voices–India, 2012, 2(4). 18-32.

[3] MOGHADDAS B, ZAKERI J. English teacher education in Iran[J]. ELT Voices–India, 2012, 2(4). 18-32.

[4] SAFARI P, RASHIDI N. Teacher education beyond transmission: challenges and opportunities for Iranian teachers of English[J]. Issues in educational research, 2015, 25(2): 187-203.

[5] MOSHFEGYAN M. Study of teacher education in West Azerbaijan[D]. Pune: University of Pune, 2012: 42.

（三）教师教育理念与方法过于传统

有学者认为，伊朗的教学氛围始终被现代主义思想所主导，各个层次的教师教育都没有展现出后现代主义思想的痕迹。在管理方面，伊朗教师教育体系依然遵循保守的集中制，相关教育问题仍由当局政府做决策，致使"一刀切"的政策在教育决策中依然占据主导地位，导致教育体系从上到下都对个体差异的考虑严重不足。在具体教学实践中，便表现为教师对学生的支配与统一化教学。在伊朗的教师教育系统中，教师的核心权威作用强化了教育体系中的传统师生关系，这种关系加大了师生之间的距离，降低了教与学双方的互动性与灵活性。这样的教育制度要求教师教育者和专家将他们的语言、教学方法、基础理论和知识、基础技能和信息强加于未来的教师，限制了他们的自由和自主性。[1]伊朗的教学主要以教师为中心，学生没有机会对有效教学和专业教师的期望进行表达。现代教育家普遍认为学习者应处于教育的中心地位，学生的兴趣与需求分析对教师改进教学方法、提高教学质量有重要的意义与价值。同时，伊朗教师教育存在的另一个重要问题是，一些教师教育课程主要停留在理论学习，没有将更多的时间和资源分配到带领师范生观察实际教学的场景与练习基本技能上。[2]

（四）教师教育管理过于孤立

伊朗的教师教育由教育部监管。教育部作为一个独立的部门，负责从对教师专业感兴趣的候选人中挑选达标的学生；负责雇用教师，具体规定教师的职责和义务，并为教师提供财政支持。教育部在伊朗每个城市下设

---

[1] SAFARI P, RASHIDI N. Teacher education beyond transmission: challenges and opportunities for Iranian teachers of English[J]. Issues in educational research, 2015, 25(2): 187-203.

[2] AVANAKI H J, SADEGHI B. A comparative study of teacher education in Iran and the UK[J]. Journal of language teaching & research, 2014, 5(5): 1153-1159.

教育局，制定教师教育方案，以提高教师的专业能力。可以说，与教师教育有关的所有责任、义务、关注事项，都是由这些教育组织决定的。这样的教师教育管理系统体现出两个主要缺陷，一是与其他参与教师教育的组织缺乏联系，二是常常没有任命适当的主要负责人员。这导致伊朗教师教育整体上缺乏开放性和对教育理念与教育技能更新做出迅速反应。教师教育管理系统与大学和其他学术社区、教育论坛、会议、研讨会和讲习班缺乏联系和协作，形成了教师教育决策的"孤岛"。与外界缺乏沟通，导致教师教育者工作被动且缺乏更新知识的动力。而在教师教育课程中，特别是在师范生刚刚熟悉教学课程的职前教育中，必须对师范生的自主性问题保持敏感，并尝试运用多种策略将师范生培养成自主和积极的参与者，自由自主的发展对师范生尤为重要。[1]

（五）教师职业吸引力不足阻碍了教师教育进展

尽管伊朗教师培训机构的数目迅速增加，但教育部除了提供足够的教师之外，还面临着新的问题。由于教师在伊朗社会地位不高，薪金很低，许多有经验和合格的教师都倾向于辞职或转到其他部门。教师需要掌握关于所教科目的广泛知识，要有向不同类型的学习者教授该科目的一套有效方法，从事教学使教师每时每刻都面临一系列复杂的任务，许多教师在从事这一职业的头几年感到压力很大，这导致离开教师行业的人很多。历史上，伊朗政府从没有大幅提高教师的待遇与地位，教师职业吸引力不足严重阻碍了教师教育的进行与发展。[2] 教师对专业发展的承诺受到内在和外在动机的影响，如果教师对自己的工作感到满意，并受到当局的奖励和鼓励，

---

[1] SAFARI P, RASHIDI N. Teacher education beyond transmission: challenges and opportunities for Iranian teachers of English[J]. Issues in educational research, 2015, 25(2): 187-203.

[2] MOSHFEGYAN M. Study of teacher education in West Azerbaijan[D]. Pune: University of Pune, 2012: 82.

他们就更有可能努力提高自己的知识和技能。内在动机意味着管理和组织行为和经验的愿望，是指导人们活动的一种强大的决定性力量。一个有内在动机的人有意志选择和自我决定去行动和自我组织自己的活动和经历。[1]当教师职业从地位、待遇等方面都不能激发受训者的内在动机时，教师教育的效果必然受到直接影响。

（六）英语教师教育问题凸显

伊朗较重视英语教师教育的研究与实践，但当前英语教师教育仍存在诸多问题有待解决。第一，不够重视教师的兴趣和偏好，只重视传播知识，对课堂上学生和教师之间的互动未予以足够重视。第二，大多数教师严重依赖教科书。教师向学生提供的信息与教材提供的信息基本雷同，没有拓展和运用。导致学生仅能了解复杂教学问题的某一个或某几个方面，或仅能看到关于某一教学问题的单一案例，不能全面地认识教育的深层次问题。第三，不重视学生的思维发展，只停留在是否知道"正确"的答案的层面，学生往往不积极与教师互动，也不主动回答教师的问题。第四，过于重视考试分数，认为成功的英语教师是一个在考试中获得高分的教师。第五，不重视新知识的构建。教育的前提是存在一个学习者必须认识的固定世界，教育的追求应该是客观、全面地了解这个世界。伊朗虽说十分重视英语教师教育与培训，但其教学内容、教学模式、教学方法等方面都有不足之处，仍需进一步改进。[2]

---

[1] SAFARI P, RASHIDI N. Teacher education beyond transmission: challenges and opportunities for Iranian teachers of English[J]. Issues in educational research, 2015, 25(2): 187-203.

[2] EBRAHIM N A. Validation and application of the constructivist learning environment survey in English language teacher education classrooms in Iran[J]. Learning environ res, 2015, 18: 69-93.

二、教师教育的改革对策

（一）改革教师教育管理

1. 教师教育管理体系进一步清晰化和专门化

教师教育的改革应首先澄清实践背后的教育意识形态，而后阐明这些意识形态对教师实践的影响。伊朗教师教育的相关规定主要集中于国家级的综合性教育文件中，这不利于全面把握促进教师教育发展的重点，因此，文件的集中性决策与各级各类教师教育的专门规定应互为补充。换言之，关于教师招聘和教育的许多决定应该留给各省或各地区的专门部门，以便制定更为实际可行的措施促进当地的教师教育。在国家层面，伊朗教育部内至少有三个不同部门负责教师的招聘和培训，这会导致职责和做法的混乱。更好的做法是有统一的专门部门负责教师教育。即使当前只能仍由不同的部门负责教师教育，这些部门的职责范围也必须进一步清晰化。

科学的教师教育课程应该至少由四个要素组成，分别为学科知识、一般教育知识、具体专业知识和教学实践技能。科学的教师教育需要高等教育部门和公共教育部门合作完成，二者共同推进教师教育任务的落实。

2. 改革教师招聘和教师教育程序

利益相关者和决策者的作用在规划教师招聘和教育体系方面非常重要。主要利益相关者和决策者可以在不同工作岗位上采取不同的潜在行动。在一些情况下，可以由多个利益攸关方采取统一行动，因为这种统一行动是推动共同愿景前进所必需的。教师工作的基石是：要使教师教育成为全领域范围内的承诺；修改任期和晋升制度，与录取教师的地区建立伙伴关系；

支持导师虚拟社区；建立教师入职计划，为初任教师提供"路线图"，为新教师设计和实施高质量上岗计划；设立一个委员会，重点是加强教师教育和上岗培训；加强国家愿景、要求、方案标准、财政支持和新教师上岗基础设施的落实。[1]

3. 加大教师教育财政支持

从 2000 年起，伊朗教师教育的发展出现了减缓，这意味着教师教育决策者和教师教育工作者需要把重点放在为改善教师待遇及提供教师未来专业发展的前景上。促进教师的专业发展，应首先重视对教师生活的经济保障，如果教师的经济问题得不到解决，他们就很难改进、发展教学并进行反思。因此，教师的财政问题必须解决。教师教育需要有足够的经费、财政资源与支出同步，教育支出应按预算分配。

（二）改革教师教育的手段与方法

当前很多国家的教师教育教学方式都发生了很大改变，但伊朗教师教育教学方式仍然是传统的课堂管理、理论输入以及传授语言的知识、技能和技巧等，这已经不能满足当前教育发展的需要。因此，迫切需要对教师教育的手段和方法进行改革。[2] 教师教育改革的重要性在于，改革使一个系统能够抛弃或审查陈旧和无效的内容和方法，并采用先进和有效的方法。而在关于教师教育改革重要性的研究中，受访者既支持课程更改和修订全面进行，也赞成经常进行符合社会需要的改变。教师教育改革应从以下几方面着手。

[1] MOGHADDAS B, ZAKERI J. English teacher education in Iran[J]. ELT Voices–India, 2012, 2(4): 18-32.

[2] SAFARI P, RASHIDI N. Teacher education beyond transmission: challenges and opportunities for Iranian teachers of English[J]. Issues in educational research, 2015, 25(2): 187-203.

首先，基于师生对话的教学方法应占主导地位。伊朗的教师教育课程仍遵循着教师主导的传统教学方法，在这方面必须做出改变。[1]

其次，知识本身正在快速增长，技术进步正在以日新月异的速度发生，这一方面表明了教师教育的重要性，另一方面表明了知识和技术是促进教师教育改革的至关重要的抓手。教师教育机构必须利用这些手段来加强师范生的学习，必须为师范生提供机会，在真实的课堂环境中实践他们的理论，例如，在模拟课堂中使用专用的技术设备以实现有效教学。

再次，师范生还必须与经验丰富的教师保持联系，获得其对教学的反馈，并汲取他们的经验。教师教育者还需要通过提供反思性教学的机会来弥补理论与实践之间的差距。模拟也是一种非常重要的学习方法，因此每当课程发生变化时，都应该考虑到它。采取以上这些措施将促进伊朗的教师教育，不仅能使师范生成为实践者，还能够有效地用知识并提高自己的能力，将他们变成更有前途、更有创造力的人，让他们更好地发挥自己的潜力。教学是复杂的，教学情境中涉及影响教师教学的许多综合因素，只有足够的培训与实践锻炼才能使师范生有效地应用教学方法，且不会因外界影响而偏离科学的教育方针。

最后，教师培训中应更加注重提高师范生的信息技术素养以及运用现代技术开展教学改革的能力。随着科技的发展与网络技术的进步，现代信息和通信技术在教师培训中的应用越来越广泛，跨国教育也逐渐发展起来。这就需要政府与教育部门充分认识信息技术这一挑战与机遇，制定有助于教师教育的战略。

---

[1] MOGHADDAS B, ZAKERI J. English teacher education in Iran[J]. ELT Voices–India, 2012, 2(4): 18-32.

（三）提升教师的反思性教学能力 [1]

当今时代，父母的期望和要求增多，他们期望自己的孩子在每个领域都做得很好，这往往会对学生产生重大影响，教师的角色也变得非常具有挑战性。反思性教学是一种基于价值观的教学方法，教师可以通过批判性地反思自己的教学经验来提高自己对教学的理解和教学质量。反思性教学的目的有三个：扩大对教学过程的理解，扩大作为一名教师的战略选择，提高在课堂上所能提供的学习机会的质量。反思性教学这一术语的起源可以追溯到杜威对常规行为和反思行为的区分。前者受传统、习惯、权威等因素的引导，相对静止，对环境变化反应迟钝。后者涉及参与自我评价和发展的意愿。反思性实践和常规实践之间的区别在不同的教师和教学实践中产生了重要的质的区别。反思有两种类型：行动中的反思和对行动的反思。"行动中的反思"涉及思考和行动，教师制定现场策略来改进或调整以前的经验。"对行动的反思"被视为教师对自己的教学进行深思熟虑和分析，以便从经验中获得知识。前者在教学中进行，后者在教学后进行。反思性教学过程支持专业知识的发展和维持，这一过程促进了职业发展的螺旋式上升。反思性教学提供了一种通过将两种知识来源（接受的和经验的知识）与实践相结合来发展专业能力的方法。

教师教育涉及教师的专业技能、知识和适应能力。伊朗教师教育强调在过程中促进学员的个人实践知识和技能，重点是做好课堂教学的实践准备。有效的教师教育方案应包括基本资格，即既具备教育原理、教育心理学、教学方法和教学实践等专业教育学科内容，又精通要教的科目的相关知识。提升教师的反思性教学能力包括以下三点：第一，伊朗教师教育项目要增强师范生的自信心，提供更多的教学和实践机会，或发展他们的一

---

[1] SAEED K, NEMATULLAH S, BEHROOZ G. Developing reflectivity in a pre-service teacher education program in Iran[J]. Sheikhbahaee Research Bulletin. 2008(5): 49-69.

般知识水平；第二，教育学和教育心理学等课程的原则和基础应该使师范生认识到将这些思想融入他们的思维体系的必要性；第三，可以将"反思培训"或"教师发展小组会议"等干预措施纳入教师教育课程。

（四）建立教师教育评价体系

为了保障教师教育质量的稳步提升，提高教师素质，教育管理部门需要制定一系列科学而有效的质量保障措施。持续的专业发展与高质量的教学直接相关。虽然专业发展课程是提高教师课堂教学绩效和教师实践能力的有效途径，但教师教育课程的作用也不容忽视。事实上，这些课程是教师理解教学理论的基础。因此，有必要在职前教师教育计划中建立一个适当的、结构化的评估系统，从而使教育计划更加完善和有效。[1] 教师培训项目必须在其项目中包含内部评估系统。采用这些内部评估系统的主要原因是增加利益相关者对项目的责任。对职前教师教育项目的评估将促进教学领域的专业化，教育改革应以科学的评估方案为基础加以实施。[2] 教师教育评估主体需要进一步多元化，应注重利益相关者对教师培训项目的评估，了解职前教师、在职教师和教师教育者对课程体系与实施的看法。对教师教育项目的评估可以带来更加可持续的实践和成果，只有对培训课程进行有益的评价，才能培养出更自信、更有效率的教师。新手教师在课堂上面对困难，甚至有时是威胁性的情况时需要自信。而这种信心，需要依靠一系列既定的和相关技巧来支撑。信心可以帮助他们应对逆境，在职前培训中熟悉的相关技巧可以直接增强他们的专业能力与教学自信。

---

[1] GHOLAMI J, QURBANZADA I. Key stakeholdersí attitudes towards teacher education programs in TEFL: a case study of Farhangian University in Iran[J]. Journal of teacher education for sustainability, 2016, 18(2): 5-20.

[2] GHOLAMI J, QURBANZADA I. Key stakeholdersí attitudes towards teacher education programs in TEFL: a case study of Farhangian University in Iran[J]. Journal of teacher education for sustainability, 2016, 18(2): 5-20.

（五）改革英语教师教育

一般来说，伊朗英语教师在培训中有两种基本需求：一是教学和课堂艺术，了解学生的潜力，因材施教；二是需要学习英语的内容意义（材料知识）。因此，教师教育课程的基础要素应包括：课程规划，包括课程内容的选择；激发不同能力的英语学生；选择和创造合适的学习资源；引入课堂分析等教学新技术；确保男女机会平等；将工作与学生的能力相匹配；讲授指定的全部主题；收集关于学生进步的反馈。因此，英语教师教育课程中应包括相互关联的几个组成部分——课程工作、了解课堂、课堂实践练习。此外改革英语教师教育还有必要在教师教育机构和中小学之间建立合作伙伴关系，开发协作模式，帮助教师教育更加理性化和专业化，使准教师可以通过理论应用、观察、实践和讨论等多种学习得以全面发展。[1]

---

[1] AVANAKI H J, SADEGHI B. A comparative study of teacher education in Iran and the UK[J]. Journal of language teaching & research, 2014, 5(5): 1153-1159.

第十章 教育行政与教育政策

    伊朗的教育行政管理体制主要由中央教育行政机构和各省教育厅组成。中央教育行政机构以教育部为核心，借助其他部委教育管理机构进行国家教育治理。在具体实践中，伊朗教育部通过中央机构和地方代表机构管理中、小学公共教育，并分配国家拨款。地方代表机构由人民代表、地区教育官员代表、学校校长代表和教师代表组成。伊朗的高等教育由国家科学、研究与技术部，卫生和医学教育部等管理部门进行管理。为了提升国家教育治理实效，伊朗教育部通过教育远景规划、年度教育发展计划、教育政策改革和国家课程等方式统筹各级教育的发展进程和方向，以追求伊朗教育的稳步发展。

第一节 教育行政

一、中央教育行政

    伊朗中央教育行政机构涉及伊朗教育部，科学、研究与技术部，卫生和医学教育部等，其中承担伊朗教育体系运行与改革的主要是伊朗教育部，因此通过对伊朗教育部的组织架构、职责目标、职责范围和具体职责进行介绍和分析，可以帮助我们对伊朗中央教育行政的现状有所了解。

（一）伊朗教育部的组织架构

伊朗教育部的职能部门包括教育决策机构、教育发展规划机构、教育法务及教育政策机构、教育文体事业机构、各级各类学校管理机构和教育质量监控机构等。其中，教育部的最高教育委员会具有决策权，并承担着改造教育制度和制定、修订教育政策文件等职能。教育部还附设有教育研究与规划组织，改造、发展和装备学校组织，扫盲运动组织，儿童和青少年智力开发研究所，小学教育机构，中等教育部，体育及健康部，法律和公共事务部，人力资源规划与行政事务中心，业绩评价和投诉问责总局，退伍军人总局，沙希德·拉贾伊哈大学等教育组织和职能机构。这些机构保障着伊朗科教事业的良好运转和改革实践。伊朗教育部的组织架构见图 10.1。伊朗教育部与各省教育厅对接，监管全国教育的发展情况。

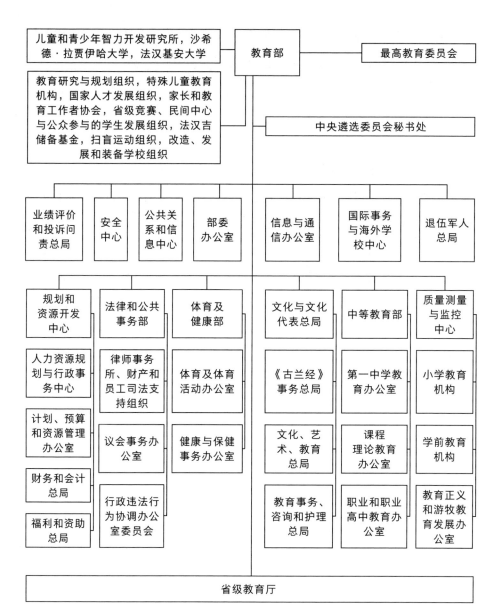

图 10.1　伊朗教育部组织架构图 [1]

_____

[1] 资料来源于伊朗教育部网站。

伊朗教育部部长由伊朗总统提名候选人，经伊朗议会审议、伊朗议员合议批准后由政府任命。

伊朗教育部附设的教育管理和行政机构涉及伊朗教育的诸多方面，表10.1是伊朗教育部及其部分附设机构职位。

表 10.1　伊朗教育部及部分附设机构职位 [1]

序号	职位	序号	职位
1	教育部部长	15	特例教育组织主席
2	最高教育委员会秘书长	16	国家人才发展组织主席
3	部长级外地协调中心主席	17	国际事务与海外学校中心主席
4	小学教育机构助理	18	儿童和青少年智力开发研究所执行总裁
5	中等教育部主任	19	公共关系和信息中心主管
6	助理馆长	20	教育质量评估及监察中心主席
7	体育及健康部主任	21	文化大学校长
8	法律和公共事务部助理	22	业绩评价和投诉问责总局局长
9	规划和资源开发部主管	23	中央遴选委员会秘书处首长
10	教育研究与规划组织主席	24	教育研究学院院长
11	国家儿童教育管理局主管	25	德黑兰市教育局局长
12	非政府组织、学校组织和发展基层伙伴关系主管	26	德黑兰县教育局局长
13	扫盲运动组织主席	27	学校社团策划、家庭教育及家长辅导总干事
14	学校现代化，发展和设备管理局局长		

[1] 资料来源于伊朗教育部网站。

（二）伊朗教育部的职责目标

伊朗教育部的总体职责目标为在理性、《古兰经》和文化传统的基础上，解释和传授伊斯兰教及其宗教戒律，加强和巩固学生的信仰和精神基础。

伊朗教育部的具体职责目标如下。[1]

（1）发展宗教道德，在伊斯兰教教义基础上培养学生。

（2）阐述宗教价值观，并在此基础上培养学生。

（3）加强和巩固信仰和自立的精神。

（4）建立宗教精神，切实遵守宗教戒律。

（5）在各个领域提倡政治洞察力，使学生自觉地参与国家的政治活动。

（6）通过使学生熟悉并获得文化、经济和政治的意识，保持他们的文化、经济和政治的能力。根据国家的优先事项，优先发展社会需要的科学和技术、工业和急需专业。

（7）认识、激发和培养学生的才能，强化探索研究精神和创新精神。审查所有科学、技术和文化领域，强调批判主义精神。

（8）发展和加强公正和正义的精神，打击歧视行为，保护和帮助被压迫者。

（9）加强请善、传善、禁恶的精神，以此作为伊朗民众共同的义务。

（10）在伊斯兰教教义基础上，建立一种维护神圣，维护家庭基础和关系的精神。

（11）树立尊重法律和遵守法律的精神，支持广大公众享有合法权利。

（12）建立和加强公开、合作的友谊和奉献精神。

（13）发展一种知足的消费观念，避免过度的消费。

（14）增强对穆斯林事务的责任感和重视程度，坚持纪律性。

---

[1] 资料来源于伊朗教育部网站。

伊朗教育部围绕着上述职责目标，根据国内国际发展形势，在教育领域不断开展教育革新，推进教育实践发展。

针对其他宗教信仰者，伊朗教育部根据伊朗宪法第 11 条规定，允许他们根据自己信仰的宗教的法理，将相关教育内容融入教育领域。宗教少数群体编写的教科书可以加入他们的文化传统内容，并在他们的学校里使用，但要在教育部的监督下获得教育相关书籍的出版权。

（三）伊朗教育部的职责范围

伊朗教育部的职责范围涉及伊朗普通教育和专业专门教育两部分。普通教育包括帮助学生建立基本的阅读和写作能力，在个人信仰需要的范围内教授社会、科学和艺术等基础知识。专业专门教育包括科学教育和实用教育（如专业技术和专业实践）两部分。科学教育是在普通教育的基础上，根据中小学教育目标进行的附加教育，旨在通过为学生提供科学理论知识和科学实践奠定科学学科基础，并培养他们的科学思想和科学精神。伊朗的实用教育与学生未来的职业息息相关，主要是一种使学生掌握某种职业技能，提高工作效率和工作能力的培训。伊朗教育部必须为学生提供科学教育和实用教育的培训或学习机会，同时帮助本科生或研究生的学习达到最高的学业水平。教育部之外的所有部委和公共机构都有义务与教育部合作，在国家总体教育标准的框架内支持伊朗教育的整体发展和实践活动。

（四）伊朗教育部的职责内容

伊朗教育在社会系统中占有特殊地位，为加强社会系统的人才基础，伊朗教育部的总体职责包含以下内容。

（1）通过下设的教育事务部门广泛开展教育改革。

（2）保障全国所有学生在普通教育中受到公平待遇，帮助他们接受适当的教育，以保证社会整体协调发展。

（3）通过制定和推行教育与培训的规划和实施方式，帮助学生掌握至少一项社会技能，同时帮助学生根据地区优先事项和土著情况找到适合其年龄的实际工作。

（4）负责普及和发展国家的教育，使更多的民众获得教育机会。

（5）有义务向具有学术资格的个人和法人颁发许可证，这些个人和法人可以申请成立私立中学和高校。这些学校可以由普通民众和学生家长共同资助，并承诺在伊朗国家教育政策和教育目标框架内运行。申请办学者的学术能力和办学资格由伊朗议会负责审批。

（6）应为各级各类学校挑选和培训最优秀和最高效的教师。

（7）负责制定儿童和青少年的教育发展目标，并协调教育相关方积极配合与协作。

伊朗教育部的具体职责履行内容还涉及以下内容。

（1）根据有关法律及其修正案设立最高教育委员会。

（2）关于地区委员会的组成及其职责和权力范围的法律规定，须经地区议会批准，就所分配的职责起草法规和制定法案。地区委员会负责拟订和提出地区中期和长期教育计划，以配合教育部的教育与培训工作目标。

（3）须与文化部以及卫生、医疗和培训部等其他部委和教育机构开展合作。

（4）要介入全国教育工作，并在国家教育系统的框架内协调各方，促进教育发展。

（5）通过最高文化委员会介入教育的发展问题。

（6）为教育和培训提供必需的教育设施和教具等物品。

（7）根据宪法第15条的规定，教育部要在教育系统框架内按时间安排教材编写和分发教材教具。分发对象无论是农村地区、游牧地区还是城市地区的学生均应受到同等对待。

（8）使国家教育覆盖所有儿童并加强扫盲运动。

（9）为隶属于教育部的教师及职员提供持续的培训，以提高他们的工作能力，并通过设立学院和教师培训中心以及选拔技术和专业培训员，满足教育部的教育和培训人力资源的需求。

（10）在学校一级和部属培训中心等有关机构的协调下，发展和实施体育运动教学，特别是与军事技术有关的教学。

（11）采取必要的措施，在卫生和医疗教育部的合作下，确保、维护和促进学生的身体、心理和社会健康。本条条例须由教育部部长和卫生与医学教育部部长共同起草，并由部长代表团批准。

（12）负责颁发成立许可证及持续监察公立附属学校及其他行政机关开设的公开学校。

（13）在外交部的协调下管理旅居国外的伊朗人的教育。

（14）监督所有教育条例的正确性和执行的严格性，衡量和评估教育计划所产生的效果。

（15）在国家总体政策框架内和外交部的协调下，就教育问题与国际机构和其他国家教育机构建立联系。

（16）设立教育技术和专业发展中心，为落实教育目标提供支持。

（17）在烈士基金会的合作和协调下，在烈士和失踪者的子女教育和培训方面部署特殊设施并采取必要的教育措施。

（18）与相关机构合作与协调，提高教育技术和专业教员以及讲师的学术和实践教育水平。

（19）创设适当的条件和设施，以便在学校提供军事训练。

（20）向所有学生提供免费教育，直至中学结束。

（21）教育部有义务通过建立和加强校外辅导机构来满足学业落后者的教育需要。

（22）重视培养学生的艺术风格，促进他们的艺术创作，并在教育教学活动中锻炼他们的艺术能力。

（23）通过与有关机构合作，进一步努力教育和培训贫困的学生或父母缺乏监护能力的学生。

（24）与学生家长保持联系，并鼓励他们参与教育，以发挥家庭在学生教育方面的巨大作用。

（25）策划并推行多元化的教育资助计划，以便在有关执行机构批准拨款的范围内，利用公共教育援助，支持学生的学业发展。[1]

伊朗教育部除了上述总体和具体教育职责之外，还需要根据国家发展需要和突发性教育事件做出教育决策和应对策略，以维持国家教育的良好运转和稳定发展。

除了中央教育行政，伊朗还有地方教育行政。相关机构有地方议会、地方教育委员会和教育局等。在伊朗教育部的统筹下，伊朗地方教育行政通常由各省教育局负责。

二、高等教育的行政监督与管理

为了更好地管理高等教育，伊朗将主要的高等教育管理职责赋予了两个部委，即科学、研究与技术部以及卫生和医学教育部。

科学、研究与技术部的主要任务在于实现和发展伊朗的国家核心智力潜能，从而在科学技术不断革新的基础上维持国家的稳定和动态发展。该部负责管理伊朗近 2 800 所大学、49 个研究机构、205 个科技园区以及 167 个创新技术孵化机构，并负责基础科学、人文科学、工程、艺术和农业等所有

---

[1] 资料来源于伊朗教育部网站。

高等教育课程的规划与督导。基于国家、地区和国际的发展目标、利益与政策，科学、研究与技术部正在寻求可持续发展的路径，以促进国家和世界的人类福祉、和平与繁荣。该部的具体职责如下：在国际组织宣传和介绍伊朗现有的教育机会；宣传和认证学术评分、教学模块、课程和学位；组织和主办国际科技活动；支持海外精英的学术活动；在伊朗大学和各类高等教育机构的科学和技术组织之外组建国际科技组织和机构；负责伊朗大学和国际组织研究机构成员的一般事务；允许并支持伊朗大学、研究机构和科技园区的学术代表团参加国际学术活动；为参加学术活动、学术会议的高等教育人员签发推荐信和签证；向个人颁发接受高等教育的证明和证书等。可以说，科学、研究与技术部是伊朗管理高等教育机构的最主要和最重要的监管机构。

卫生和医学教育部则负责监督国家的卫生服务和医学教育，并负责整合和规范所有医科大学以及临床实验中心等的课程设置。

当然，除了以上两个部委，管理高等教育的还有伊朗教育部。该部拥有一些师资培训学院以及高等技术和职业教育学院等专门高等院校的管辖权。

对于高校内部的管理结构来说，伊朗的高校通常包括以下几个管理主体。第一，校理事会。理事会是大学的最高决策机构，它评估大学的管理原则，发布有关内部运作的规章制度，并为大学的有效运作和管理制定政策和计划。第二，大学委员会。大学委员会是大学的第二个决策机构，由校董事、校长、院长以及附属研究和教育中心负责人组成。大学委员会负责根据理事会批准的宏观政策，提出大学的教育、研究和行政政策，审查与政府和非政府机构的合作政策，解决大学的学术和研究问题，审查和批准教育计划和方案。第三，校长。大学校长是首席执行官，负责执行理事会制定的政策。理事会授权校长采用符合理事会政策和程序的方式来管理大学。第四，大学董事局。董事局是大学的重要执行机构，包括校长和副校长，负责审查和统筹行政、财务及教育章程，规划年度预算，以及制定组织结构和协调大学的多项职责。总之，当前伊朗高等教育的管理系统较历史上多主体权责不明的情况有了明显改善，大学的政策运行和教学效率也随之得到提升。

第二节　教育政策

伊朗教育政策的制定与实施需要参照伊朗宪法，具体政策涉及伊朗教育根本转变的总体政策、促使国家教育制度转型的一般政策、伊朗教育远景规划、国家第六个教育发展计划、教育根本变革文件、伊朗最高教育委员会的一般决议、最高教育委员会"课程指南"的批准、最高教育委员会的特别学校法令、教育部目标和任务法、伊朗国家课程、关于建立和管理学校和非政府教育和培训中心的相关教育法律、非政府学校组织章程与基层伙伴关系的发展规定、在各省和地方设立学校和非政府教育组织中心的规定、国家的大学和高等教育中心的学生衡量和录取办法与实施条例、关于修订伊朗大学和高等教育中心学生评价和录取的法律等。可以看出，伊朗的教育政策在伊朗宪法的规定下对国家教育的整体规划和具体实施做了详细部署，从伊朗宪法中的教育相关内容以及伊朗国家综合科学发展蓝图的相关内容可以了解伊朗教育政策的具体内容。

一、宪法中的教育相关内容

伊朗宪法中与教育相关的部分内容如下。[1]

（1）基于信仰和道德的发展创造有利的教育环境，抵制教育腐败和教育

---

[1] 资料来源于伊朗教育部网站。

破坏行为。

（2）利用媒体提高教育领域的公众参与意识。

（3）促进各级教育和自由运动的发展。

（4）通过建立研究中心，鼓励研究人员在科学、技术、文化和宗教（伊斯兰教）领域开展研究活动并倡导研究精神。

（5）避免任何暴政和垄断。

（6）确定政治、经济、社会和文化方面的社会统一称谓。

（7）减少歧视，在一切物质和精神领域创造对所有人公平的政策和设施。

（8）创建正确的教育行政系统和关闭非重要的教育组织。

（9）通过公共军事教育落实国防政策，保持国家独立、领土完整和伊斯兰制度稳固。

（10）根据伊斯兰教教规创造福利和消除贫困。

（11）通过教育实现科技、农业和军事的自给自足。

（12）为伊朗男性和女性均提供全方位的平等权利，为所有人创造公平的司法安全。

（13）基于伊斯兰标准的国家外交政策，开展教育国际合作。

（14）将科学的语言、伊斯兰教教义和波斯文学相结合。

（15）政府有义务为国家所有公立学校提供免费的教育设备，并将高等教育配套设备扩展到自给自足水平。

（16）促进伊朗全部家庭获得住房、服装、健康、教育机会和教育设施。

（17）创造一切工作条件和设施，以实现所有有劳动能力的人获得就业和工作条件。

（18）制订国家经济计划，促使每个人在不断提升工作能力的基础上参与国家的政治和社会生活。

（19）保障自由选择职业的权利，保护就业个体免受工作胁迫或不平等对待。

（20）不断培养和使用科技和技能熟练人才，支持国家经济的发展。

上述条款是伊朗宪法中部分有关教育的内容，从社会、经济、文化等多个角度规定了教育的发展定位和发展要求。伊朗政府在伊朗宪法的规定下，制定教育规划，勾画教育发展蓝图，为促进伊朗教育的发展提供政策保障。

二、国家综合科学发展蓝图

为了推进伊朗科学技术的全面发展，伊朗教育部制定了伊朗国家综合科学发展蓝图，从伊朗国家科技体系发展，国家科技重点和优先发展事项，国家科技发展战略和行动措施，国家科学发展的社会基本价值观和理论模式，科学、技术和创新的体制框架，蓝图的执行、监测、评估和更新系统等方面综合规划了伊朗未来的科学发展方向和实施方法，为伊朗科学发展奠定了政策基础。国家综合科学发展蓝图不仅有宏观导向，还有具体发展实践内容。在科技发展目标上，国家综合科学发展蓝图在国家科技体系的总体目标、国家科技创新体系的目标、国家科技的宏观评估和技术指标等方面做了详细规划。在具体科学领域上，国家综合科学发展蓝图从军事的技术特点和创新领域、外向型和内向型社会领域、教育培训与技能研究领域、基础科学和应用科学、人文科学和伊斯兰教教义、健康与艺术领域等方面进行了具体发展阐释。总之，国家综合科学发展蓝图的核心在于其发展战略和实践措施，具体内容如下。[1]

（1）开展国家科学和技术机构的结构改革，使其在协调教育系统的基础上符合科技人性化，提升学生和科技从业者的科技水平，并协调科学方法体系改革。

---

[1] 资料来源于伊朗教育部网站。

（2）重视科学并将其转变为社会的主要话语之一，通过文化和社会领域的科技开发、深化和应用，为伊朗科学技术的繁荣和科技生产创造良好的社会氛围，从而在伊斯兰教育的基础上创造有利于科学和技术发展的富有成效的社会支持基础。

（3）推动科技和创新发展，让科技与创新在经济循环中发挥更有效的作用。

（4）在科学、经济、社会、政治、文化和国家安全机构中，基于国家文化伦理和知识，将科技知识管理和机构管理制度化，并在此基础上，创建科学、经济、社会、政治、文化和国家安全方面的科学管理模式。

（5）促进社会各方转变对科技的态度，使教育和研究的大力开展成为可能，加快教育的改革研究。

（6）为了适应伊斯兰教的文化基础和实现国家宏伟的教育计划，对高等教育体系进行适应伊斯兰教的改造和现代化改造，从而促进教育系统的转型和现代化发展。

（7）科学研究和技术创新是解决国家实际问题的基本保证，伊朗将把知识和科技创新纳入社会发展的主渠道，以教育、研究、技术和创新导向来解决国家面临的知识创新问题，满足国家对科学知识的需求，提升国家科学的权威性。

（8）培养和增强民众的科技综合能力，强调跨文化意识、创业精神、自力更生和创新能力，以及自信和虔诚，能够根据伊斯兰价值观和社会需要生产科学技术创新成果。

（9）与其他国家，特别是中东地区国家和伊斯兰世界在科技领域进行积极有效的互动和广泛深入的合作。

（10）推进以伊斯兰教教义为基础的人文艺术的转型，提升人文科学和艺术的发展质量，实现量与质的双重发展。

（11）以科技创新循环为导向，在医学与健康领域让科技发挥更有效的作用。

（12）以科技创新循环为导向，在科技与工程领域让科技发挥更有效的作用。

（13）发展、深化和加强基础科学领域的教育和研究工作。

总之，伊朗国家综合科学发展蓝图从多个方面强调了科技因素的重要性，并在社会生产、人文与艺术、国防军事、国际关系等方面规划了科技发展思路与途径，相信伊朗的国家综合实力也将在科技蓝图的导向下迈向新阶段。

第十一章 中伊文化教育交流

第一节 中伊文化教育交流的历史和现状

一、交流历史

（一）古代中伊文化教育交流

1. 古代中伊交流梗概

汉朝时期，中伊交流有了可靠的记载。公元前 119 年，张骞第二次出使西域受到了古伊朗地区安息王国的热情欢迎。《史记·大宛列传》记录了这一盛况："汉使至安息，安息王令将二万骑迎于东界。东界去王都数千里。行比至，过数十城，人民相属甚多。"[1] 至此，中国与伊朗直接建立起了联系。东汉末年，高僧安世高（原为安息太子）访问中国洛阳等地，并将梵文佛经带到了中原地区。他在中国生活多年，不仅学会了汉语，还翻译了多部梵文佛经，促进了佛教在中国的传播。

---

[1] 司马迁. 史记 [M]. 北京：北京燕山出版社，2007：635.

7世纪，即唐朝时期，中伊两国的古代交往达到了顶峰。这一时期，波斯萨珊王朝在阿拉伯人的持续入侵下，向唐王朝求助，并得到了唐王朝的帮助。大批波斯移民来华定居，甚至有人入朝为官，荣升将军。萨珊王朝亡国之后，唐朝与波斯的政治交往被迫中断，但是双方的商贸、民间交往却日益繁盛。波斯等西域文化引起了唐人的注意及效仿，胡风盛行，胡服、胡乐、胡食成为人们追求的时尚。

中伊两国的古代交流在宋朝时期短暂中断之后，于元明时期再次兴盛起来。与唐朝相比，元明时期两国的文化交流更加深入。中国的中医、陶瓷、绘画等对波斯影响极大，波斯的历法、文学、宗教等也对中国产生了深远影响。元明两朝都设立了相关机构培养波斯语的翻译人才，波斯语成为梵语之外对古代中国影响最大的外来语言。

2．中国古代的波斯语教育

13世纪蒙古人的西征与元朝的建立，将包括波斯（古伊朗）在内的西亚诸民族都纳入了统一的政治版图中。随着政治与军事力量的渗入，民族间的文化交往也更为密切。随着波斯人的迁入，波斯语也在中国流传开来。不过，汉语在古伊朗的传播与教学情况，除了元明时期个别伊朗学者学习中文的案例外，学界尚未发现有关古伊朗官方或民间组织开展成规模有系统的汉语教学的史料。

3．波斯文献中的中国古代学校教育

虽然未发现关于古伊朗开展汉语教育的史料，但是在一些波斯商人的个人记述中，却有对中国古代教育情况的记录，并表示出了向往与学习之心。成书于明朝中期，赛义德·阿里–阿克伯·契达伊的《中国志》，对当时中国的教育情况有所记录。

15世纪末至16世纪初，波斯商人契达伊将自己的中国旅行见闻记录成《中国志》。契达伊只是一位接受过初等教育的平民百姓，他感兴趣的不是中国高深的哲学、艺术和文化，而是明朝老百姓日常生活中的方方面面，包括教育问题。他记录道："中国人有一些传授基础会计知识的学院，此外还有一些教授法学以及科学的学校。他们的政府为达目的直接令人在全国建造学堂。那里的教育由国家专营，严禁个人创建这样的机构。这些学校的教书先生都是公职人员，他们的学生将来同样也要充任公职。这些人形成了一支国家财税和司法施政者的队伍。"[1]契达伊所看到的明朝学校教育其实已经处在学校教育价值日渐被破坏的时期，但是他依旧流露出了羡慕之情。

（二）近现代中伊文化教育交流

近代报刊的出现，扩展了中伊两国人民了解彼此的渠道，提升了信息传递的及时性，并丰富了信息量。中国近代教育报刊对伊朗的近代教育情况进行了较为详细的记录与报道，成为这一时期中伊两国教育交流的重要载体。从20世纪初到20世纪40年代，中国近代报刊持续性关注伊朗教育改革，从多方面予以报道。

1. 对伊朗现代教育改革进度的介绍

创刊于1901年的中国最早的教育刊物《教育世界》，于1907年进行国内首次关于伊朗近代教育情况的报道。

---

[1] 玛扎海里. 丝绸之路：中国-波斯文化交流史[M]. 耿昇，译. 北京：中国藏学出版社，2013：320.

国内有若干高等学校，皆以公共资金维持之。别有小学校若干，教宗教、波斯文学、亚剌比亚文学及他学科等。然富者皆于家庭教员，教育其子弟。千八百四十九年，于贴海兰开诸艺学校。聘欧洲人为教授以授泰西之语学及科学。此地及塔布利兹，有陆军兵学校，采进步教授法之二三小学校，以公众之捐金及仅少之学费（一月生徒一人四退西）维持之。自千八百九十八年三月，在贴海兰开校，尔后其他都会，亦开设同一学校，然生徒之数，不过三千人内外，其余人民多数之教育，仅读科兰而已。千九百年设立之政治学校，以养成外交官为目的，现生徒三十名，由外务省给维持费，每年八百磅。[1]

此次报道介绍了伊朗高等学校与小学校的资金来源、课程设置、师资、招生人数等问题，并特别关注了一所由国家出资主办，以培养外交官为目的的政治学校。

1935 年，中国近代办刊时间最长、影响最大的教育刊物《中华教育界》对伊朗的教育近况进行了一次更为详尽的报道。

一九三四年五月二九日波斯政府颁布的法律第一条这样规定："国会准许教育部在德黑兰创立大学一所，以为教授科学、艺术、文学、哲学等高深学科之地。"……可谓开波斯国立大学之纪元……该大学拟设六个学院：回教法律及神学；自然科学及数学；文学、哲学及教育科学；医学；法律、政治及经济；实用艺术。每学院有一院务会议，由院长及本院教授组成之。全校设校务会议为大学之主要行政机关，由校长、副校长、各院院长及每院教授代表一人组织之。教授年龄须在三十岁以上；助教授二十五岁以上；无论教授或助教授对于所担任

---

[1] 最新各国教育统计：第一篇亚细亚洲（四）波斯 [J]. 教育世界，1907（151）：56.

之特殊科目必须曾经取得博士学位或与之相等程度者，始能合格……创办国立大学仅是波斯教育改革计划中之一部。此外，在同年三月十七日所颁布之法令中规定设立及扩充高初两等师范学校之十年计划。在此十年期内，规定每年经费预算为五〇〇,〇〇〇利阿尔（约值美金三一，二五〇元），要在现有两所师范学校之外，陆续添办二十五所。其中两所为高等师范，男女各一，招收中学毕业生，予以三年的专门训练，毕业后可以充当中学教师。共余二十三所为初等师范，招收修毕中学前三年课程的学生，予以两年的训练，毕业后可以充任六年小学的教师，所有师范学校皆为寄宿学校，免收学费；惟暂时仅作日校，学生须依照特殊规定缴费入学。每间师范必须附设小学或中学一所，以为学生实习教学之用。学生入学时，须填写志愿书，毕业后须服务五年，否则须追缴在学期间政府所化之一切用费……中小学课程亦正在修订中，其目的要使小学科目更加实用而又能引起儿童之兴趣，尽量减少记忆课业。六年中学的课程向分两期，每期三年。第一期所有科目皆属共同必修；第二期分文理两科，学生可以自由选择。依现在之新计划，前五年的科目一律共同必修，最后一年始行分科，其分科依照学生准备将来在大学中选习何科而定。[1]

中国教育刊物对伊朗近代教育改革进行的这两次相隔近30年的报道，很明显地呈现出了伊朗近代教育在学校数量、学校种类、学校层次、资金投入、招生人数、师资水平、学科设置、教育理念等方面的逐步完善与优化。1937年，《中华教育界》再一次对伊朗的教育近况予以介绍。这次报道以伊朗的高等教育为核心，但是视角广阔，从伊朗的民族独立与国家发展角度出发，兼顾伊朗教育改革的整体状况，并论及伊朗高等教育与基础教育之关系。因此，

---

[1] 波斯之教育改革 [J]. 中华教育界, 1935, 22（7）: 170.

这篇报道不仅阐释了伊朗高等教育问题，还关涉到伊朗基础教育，内容丰富详细。[1]

2．对伊朗基督教教会学校的介绍

中国近代教育报刊不仅向民众介绍伊朗公办学校的改革情况，还介绍了伊朗的基督教教会学校的发展。例如，《教育杂志》在 1928 年第 20 卷第 4 期刊登了如下内容。

> 波斯对于教会学校已不若从前之排斥，回教的学生入教会学校者逐渐增多。政府已在各大城市及许多村镇设立小学。现波斯有公立中学及私立中学各二百五十所，私立学校皆受政府的监看及辅助。教会学校亦约有八十所。高等教育机关有大学二所，一为美国教会所设立的推黑伦大学，一为英国教会所设立的史塔脱纪念大学。去年终，波斯各种学校共有男生七万三千九百九十八人。学校里所授的科目，有波斯语言、波斯文学、算术、地理、波斯史、世界通史、自然科学、外国文等。[2]

1929 年，《中华基督教教育季刊》也对伊朗基督教教会学校的发展予以关注。

> 在最初的时候，教会学校无待政府的承认，学校之开办，亦无待政府的许可，政府对于教会学校学生，既不予以考试，即对于学校亦不加以视察和指导，一切全由教会学校自主。当回教徒学生初入教会

---

[1] 伊朗之中高等教育 [J]. 中华教育界，1937，24（7）：189-191.

[2] 世界教育杂讯：波斯–波斯的学校[J]. 教育杂志，1928，20（4）：26-27.

学校的时候，地方人士颇为反对，迨后对于教育的价值，既渐重视，而此种反对的声浪，亦逐归消灭。近年来教会学校学生日形发达，且大多数为回教徒学生。[1]

这次报道将伊朗基督教教会学校的发展置于伊朗整个教育事业的进步中，在介绍教会学校之前先介绍了伊朗政府进行的教育改革情况。

政府所定的教育制度，与二十年前国家组织立宪政体，是在同一时代。当这二十年之中，教育已有极大的进步了。去年波斯全地共有小学三六六所，中学三五所。小学共有学生六八，五二五人，中学生数则不详。[2]

相关报道者将伊朗教会学校视为伊朗近代教育改革的一部分，并从宏观的国家进步角度定位伊朗教会学校发展的价值。

3．对伊朗妇女教育情况的介绍

中国近代教育报刊对伊朗教育情况的另一关注点，是其女性教育问题。《教育杂志》在 1928 年刊登的那篇关于伊朗教会学校的文章中，亦介绍了伊朗女子教育革命的情况。

波斯素不重视女子教育。贫苦者皆不识字，贵族女子亦仅由父母处略习文学算术。在一九一一年时，有一班曾参加一九〇六年波斯革命的女子，召集一会，讨论女子教育的问题，此为波斯空前之创

---

[1] 基督教教育与波斯政府 [J]. 中华基督教教育季刊，1929，5（1）：83-84.
[2] 基督教教育与波斯政府 [J]. 中华基督教教育季刊，1929，5（1）：83.

举。该会议决向政府请愿推广女子教育，但政府亦置之不理。直至一九一九年，政府始设立少数女子的学校，且自此以后，女子的学校，每年增加甚速。现在仅推黑伦一处，已有女校约四十所。女子入教会学校者，亦不在少数。及至一九二六年终，波斯共有女学生一万七千一百九十二人云。[1]

伊朗这一时期的妇女革命运动，有刊物专门发文做了更为详细的介绍，指出伊朗妇女运动的开展，得力于一所女子学校，伊朗妇女运动的发起者都是该校的毕业生。这所女子学校创办于 19 世纪末，最初阶段的规模很小，学生也很少，直到 20 世纪 40 年代才发展为一所著名的学校。其毕业生不仅组织发动妇女运动，还成为伊朗妇女教育的重要师资力量。著文者强调伊朗本土妇女运动的发展促进了伊朗妇女教育状况的改善。[2]

除了教育方面，伊朗文学也引起了中国知识分子的注意。例如，郭沫若将伊朗诗人海亚姆的四行诗集《鲁拜集》译为中文；郑振铎在 1927 年出版的四卷本《文学大纲》中，介绍了 28 个伊朗诗人，并特别注意到了菲尔多西的《列王纪》；1936 年朱湘遗作《番石榴集》出版，收入了诗人曾经译过的伊朗五位作家的七篇作品；1943 年王静斋把伊朗诗人萨迪的《蔷薇园》从波斯语翻译成中文，译名为《真境花园》。[3]

[1] 世界教育杂讯：波斯–波斯的学校[J]. 教育杂志，1928，20（4）：27.

[2] SHERAN V. 伊朗的教育同妇女问题 [J]. 胡硕美，译. 大亚洲主义，1941，2（3）：134-151.

[3] 孟娜. 波斯人笔下的中国 [D]. 北京：北京大学，2009：15.

二、交流现状

（一）中伊两国政府间的文化教育交流活动

1971 年 8 月，中华人民共和国政府与伊朗王国政府建交后，两国的政治与经济关系有了较大发展。1979 年 4 月伊朗伊斯兰共和国建立后，中伊两国逐步开展了包括文化教育在内的多领域的交流与合作。

1983 年 9 月，伊朗伊斯兰共和国外长访华，并与中国政府签订了五年有效期的中伊文化和科学技术合作协定。该协定要求中伊两国促进大学间以及教育和研究机构间的合作，交换文学、艺术、哲学、宗教、考古和历史等方面的资料和出版物，互派文化、教育、艺术等方面的专家或研究人员考察双方感兴趣的专业，促进两国电影和电视的交流活动，安排表演艺术团体和体育团体的互访、演出和比赛等。[1] 1985 年 6 月，中伊两国又签署了《中华人民共和国政府和伊朗伊斯兰共和国政府一九八六年和一九八七年文化合作执行计划》。在教育、高等教育方面规定：中方每年向伊方提供八名进修生奖学金名额，伊方每年向中方提供八名奖学金留学生名额。在可能的情况下，可接受对方自费留学生。关于教育和高等教育方面交流的具体项目，双方将通过外交途径另行商定。[2] 1993 年 6 月，中伊两国政府根据 1983 年签订的文化协定再次签署了《中华人民共和国政府和伊朗伊斯兰共和国政府文化、科学、教育交流计划》，于 1993—1995 年执行。与 1985 年签署的计划相比，此次计划在教育方面更为丰富详细：除双方每年互换八名奖学金生外，中伊双方还计划互换教育领域的信息、书刊、研究成果，并交流经验；互派由校长、教育和教师培训专家组成的三人代表团参观对

---

[1] 新华社. 中国伊朗文化科学技术合作协定在京签字 [J]. 新华社新闻稿，1983（4977）：51.

[2] 中华人民共和国政府和伊朗伊斯兰共和国政府一九八六年和一九八七年文化合作执行计划 [M]// 中华人民共和国外交部. 中华人民共和国条约集：第三十二集，1985. 北京：世界知识出版社，1993：43.

方的教师培训和在职教育中心；就教育制度和教育政策交换信息、交流经验，并进行必要的合作；在编撰成人扫盲教材和职业教育教材方面交流经验，进行合作；为进行科学交流，互换管理人员、教授和研究人员提供必要的方便；根据各自的教学需要，互换一名波斯文教授和一名中文教授，任期一年；在举办科学、教育和研究会议方面进行合作；互派二名国际事务专家，研究对方的大学体系，参观对方的科学、文化和研究中心，为期15天；互派由大学和高教机构教授组成的五人代表团，轮流在两国举行会议，探讨两国间大学和高教机构交流与合作的可能性。[1]

进入 21 世纪，中伊两国政府持续推动两国间的文化教育交流合作活动。2012 年 2 月，中国文化部与伊朗政府文化代表团签署文件，成立了中国-伊朗文化联合委员会，并举行了委员会第一次会议。中伊文化联合委员会的任务是讨论政府间年度文化与教育交流执行计划的落实情况，研究和解决存在的问题，制订阶段性落实计划，交流信息和经验，讨论双方共同感兴趣的问题。此次会议期间，双方还同意在对等基础上互设文化中心。[2] 中伊文化联合委员会的成立，为两国的文化交流合作，尤其是文化遗产保护方面的交流合作搭建了很好的平台。2013 年 6 月，时任中国文化部副部长的赵少华在四川成都会见了伊朗文化与伊斯兰指导部第一副部长阿里阿斯加尔·阿巴斯·普尔穆哈马迪一行。伊方希望两国在相互尊重的基础上，共同促进文化的繁荣发展，特别是在非物质文化遗产保护方面进一步与中方深入交流经验、开展合作。赵少华对普尔穆哈马迪的建议表示赞同，并希望这些工作计划纳入中伊文化联合委员会框架下开展和实施。[3] 2021 年

[1] 中华人民共和国政府和伊朗伊斯兰共和国政府文化、科学、教育交流计划 [M]// 中华人民共和国外交部. 中华人民共和国条约集：第四十集，1993. 北京：世界知识出版社，1996: 137-139.

[2] 中华人民共和国中央人民政府. 中国、伊朗成立文化联合委员会并举行第一次会议 [EB/OL]. （2012-02-16）[2022-02-17]. http://www.gov.cn/jrzg/2012-02/16/content_2068666.htm.

[3] 中华人民共和国中央人民政府. 赵少华会见伊朗文化与伊斯兰指导部第一副部长 [EB/OL]. （2013-06-17）[2022-02-17]. http://www.gov.cn/gzdt/2013-06/17/content_2427335.htm.

5 月，中国文化和旅游部副部长、国家文物局局长李群与伊朗文化遗产、旅游和手工业部副部长穆罕默德·哈桑·塔勒比安以视频方式共同签署《关于协同开展"亚洲文化遗产保护行动"的联合声明》。这是两国文化遗产主管部门近十年来签署的第一份双边文件，标志着两国文化遗产合作进入了全新发展阶段，具有里程碑意义。中国与伊朗将在"亚洲文化遗产保护行动"框架下，在联合考古、文化遗产保护修复、世界遗产、博物馆展览交流、防止文物非法贩运和人才培养等领域开展务实合作。

"一带一路"倡议为中伊两国的文化教育交流与合作带来新的机遇与广阔的发展前景。2016 年 1 月，在对伊朗进行国事访问之际，中国国家主席习近平在伊朗《伊朗报》发表题为《共创中伊关系美好明天》的署名文章。文章中提到中伊在"一带一路"框架内的合作，"要加强文化、教育、新闻、出版、旅游等领域交流，鼓励青年和学生交往，让丝绸之路精神薪火相传，让两国人民心与心相通、手和手相连"[1]。2021 年 3 月，在中伊建交50 周年之际，双方签署 25 年全面合作协议，进一步深化包括文化教育在内的各领域的互利合作，也预示着两国的文化教育交流合作将会得到长远发展。

（二）中伊两国高校间的文化教育交流活动

1. 中国高校的伊朗学研究

"伊朗学"源于古典东方学，其研究范围发展至今，既包括古代波斯帝国（含现今的伊朗）历朝历代所有文化领域的各类分支学科，如政治、经济、语言、文学、宗教、历史、天文、地理、农业、交通等，也包括当代

---

[1] 习近平. 共创中伊关系美好明天 [N]. 人民日报，2016-1-22（1）.

伊朗与其他国家的外交、政治、经济等国际关系。简言之，"伊朗学"是
"包含了所有与古代波斯文明和当代伊朗内政外交的综合性大学科"。[1] 中国
目前已有 20 家伊朗学研究中心从事伊朗文化研究，如北京大学伊朗文化研
究所、西南大学伊朗研究中心、云南大学伊朗研究中心、上海外国语大学
伊朗研究中心、西北大学伊朗研究中心、西安外国语大学伊朗文化研究中
心、山西师范大学伊朗学研究中心等。

　　中国首家伊朗学研究机构——北京大学伊朗文化研究所，由北京大学
与德黑兰大学合作成立于 1990 年 5 月，"标志着中国对伊朗文化的研究工作
进入新伊朗的里程碑"[2]。在成立仪式之后，该所紧接着举办了为期两天的伊
朗文化在中国的研究现状和规划的学术研讨会，从文学、历史和语言三方
面进行研究课题的规划，季羡林教授还在此次研讨会上建议开展《中伊文
化交流史》《伊朗历史》《伊朗文学史》等著作的编写工作。北京大学伊朗
文化研究所成立后，举办了一系列伊朗学研究活动，并取得了丰硕成果。

　　1992 年 11 月，北京大学东方学系和伊朗文化研究所举办了首届"伊朗
学在中国"学术讨论会，与会的中国与伊朗学者就中伊两国的语言、考古、
医药、宗教等问题展开交流。此后，北京大学伊朗文化研究所又举办了多
届"伊朗学在中国"学术讨论会，很好地提升了中国伊朗学研究的深度与
广度。

　　1997 年 3 月，北京大学伊朗文化研究所与德黑兰大学德胡达大词典编
纂所合编出版了《汉语波斯语词典》，共收录汉语单词条目约七千个，多字
条目七万余个。编纂者力求以现代波斯语中的日常通用词语而非文学词语
翻译每个汉语词条。这一成果为汉语-波斯语的翻译工作，以及伊朗人学习
汉语和中国人学习波斯语提供了极大的帮助与便利。这部词典的主要编纂

---

[1] 姚继德. 中国伊朗学论集 [M]. 银川：宁夏人民出版社，2008（5）：25-26.

[2] 林之菲. 为加强中伊文化交流　促进伊朗文学的研究　北京大学伊朗文化研究所成立 [J]. 外国文学研
究，1990（2）：2.

者、北京大学伊朗文化研究所原所长叶奕良教授因其在中伊文化交流中的突出贡献，于 2005 年获得伊朗"名人堂"奖。伊朗"名人堂"是伊朗国内及国外有关机构认可度极高、受到伊朗政府及企业资助的民间设立的奖项，旨在弘扬伊朗文化，促进伊朗文化的国际交流。

北京大学伊朗文化研究所所从事的伊朗学研究，非常重视国际视野，由其承担的国家社科基金 2010 年重大项目"波斯文《五族谱》整理与研究"，是近年来中国学者从事波斯历史文献整理工作的一个较有代表性的实践。2013 年 11 月，北京大学伊朗文化研究所主办的"波斯语文献与蒙元时代研究"国际学术研讨会，也是国际化合作的一个生动体现。

随着中伊两国交流合作的不断深入，"伊朗学"在中国受到了更多高校的关注，并取得了一定的研究成果。例如，2007 年 3 月云南大学伊朗研究中心成立一周年之际，云南大学与伊朗驻华使馆在昆明共同举办了以"中伊文化交流的影响"为主题的"云南大学首届伊朗学国际学术研讨会"。此次会议议题广泛，既有对"伊朗学"定义和研究范畴的讨论，也有对中伊文化史的研究，还有对未来中伊关系发展前景的展望，等等。围绕这些议题，与会的国内外伊朗学专家学者共发表 22 篇高质量学术论文，由云南大学伊朗研究中心结集成册，以《中国伊朗学论集》为名，于 2008 年 5 月问世，这是中国伊朗学研究的重要成果，既总结过去，亦启航未来。云南大学还同伊朗穆斯塔法国际大学合作，于 2011—2018 年举办了三届"回儒文明对话论坛"国际会议，积极探讨伊斯兰文明与儒家文明在和平、和谐、公正等思想价值上的共识之处，对增进中伊两国人民的传统友谊、促进世界不同文明的平等对话、维护世界的和平发展都具有重要的现实价值。

此外，西南大学在伊朗研究方面也取得了长足发展。西南大学世界史专业和人文地理学在伊朗研究方向上有着较长时间的积累，自 1982 年始，历经四代学者拼搏奋斗，从综合、发展和联系的角度出发，形成了独具特色的关于伊朗文化历史与伊朗国际关系的研究方法。2008 年，西南大学伊朗研究中心在伊朗驻华大使馆、伊朗德黑兰大学的支持下成立，成为中国高校规模最大的伊朗研究基地，涉及历史、文化、地理、政治与公共管理等多学科领域，设有硕士与博士学位，并与伊朗德黑兰大学法律政治学院和伊朗伊斯兰文化联络组织建立长期学术交流和合作关系，实现了产学研的融合发展。

2．伊朗高校的汉语教育及相关情况

20世纪90年代，伊朗沙希德·贝赫什提大学与中国上海外国语大学签订了合作备忘录，互派教师和学生交流访学，并互设汉语专业与波斯语专业。依据此备忘录，沙希德·贝赫什提大学在1996年设立了汉语专业，成为伊朗第一所设立汉语专业的高校，填补了伊朗汉语教学的空白。2000年，该校又建立了"汉学中心"。

2008年，德黑兰大学外语学院下属的自由培训中心开设了汉语专业。2009年，德黑兰大学又与云南大学合作在德黑兰大学外语学院成立了伊朗的第一所孔子学院，将汉语作为第二外语在外语学院教授，中国每年派遣教师到外语学院教授汉语。德黑兰大学外语学院自由培训中心汉语专业在孔子学院的推动，及沙希德·贝赫什提大学汉语专业毕业生的加盟下，发展迅速，从最初的一个班成长为拥有140多名学生的大系。2015年，德黑兰大学又在外语学院创设了汉语言文学专业，满足了更多希望学习汉语的伊朗学生的需求。

除上述两所高校外，伊斯法罕大学在2013年也开始招收汉语专业学生。伊朗人文社科领域规模最大的大学塔巴塔巴伊大学，也于2014年在外语学院设立了汉语专业，不仅开设汉语语言课程，还讲授中国的文学、文化、地理、历史、政治和经济，帮助学生全面了解中国。

总体来看，汉语教育在伊朗高校仍处于探索阶段。但是随着中伊两国关系的不断加深，汉语教育日益受到伊朗高校师生的关注与欢迎，开设汉语专业的高校也从最初的一所发展为四所，并有进一步增设的趋势。

伴随汉语教育的推广，中国文化研究也逐渐受到了伊朗高校的重视。沙希德·贝赫什提大学和德黑兰大学都建有自己学校的"中国学会"，举办文化节、讲座、研讨会等活动，有效促进了汉语教育在伊朗高校的推广和发展。除了设立汉语专业、开设汉语课程，德黑兰大学外语学院与德黑兰大学孔子学院还举办了一系列的中国文化宣传活动。例如，2015年的中国文化周活动通过开办中国文化摄影图片展、中国电影展、中国文化讲座等方式向伊朗人民介绍中国文化，在当地及周边地区引起了广泛关注，吸引了包括周边城市汉语教学点师生在内的不少人的参与。2017年10月，塔巴塔巴伊大学与国际儒学联合会、北京外国语大学合作，在德黑兰举办了"国际儒学论坛——中国文明与伊朗文明对话"。此次会议围绕中伊文明交流的历史、现状与未来展望，开设多项议题，邀请了来自中国、伊朗、日本、法国等多个国家的100多名专家学者进行学术交流，加深了伊朗学界对中国文明的了解，很好地促进了中伊两国高校的学术交流与合作。

随着中国国际地位与国际影响力的不断提升，伊朗政府在其外交策略中逐渐增加了中国因素的考量，并需要获得相应的学术支撑。于是，在汉语教育与中国文化研究之外，隶属国别研究领域的中国研究也开始受到伊朗高校的重视。2019年4月，塔巴塔巴伊大学与上海外国语大学合作成立了伊朗首家中国研究中心，该中心希望通过对中国倾注特别的学术关注以适应新的国际政治变化，借此加强两国的交流合作。

（三）中伊两国民间文化教育交流活动

除政府与高校的交流之外，民间组织在中伊两国的文化教育交流中也起到了重要作用。中伊两国分别成立了中国伊朗友好协会与伊朗中国友好协会，它们是促进两国人民友谊与合作的重要桥梁。伊朗前驻华大使贾瓦德·曼苏里曾肯定并称赞了伊朗中国友好协会在两国文化、社会和民间交流上的努力与贡献，指出伊朗在与中国很多领域的交流合作上都会听取伊朗中国友好协会的意见，强调在对当今复杂世界有着重要作用的非政府组织中，"友好协会拥有悠久的历史，在促进国家与国家的民间交往中起着决定影响和作用"[1]。

中国也同样重视友好协会在中伊两国交流合作中的地位与作用。2008年12月，中国伊朗友好协会在北京成立，并举办了第一届理事会会议。中伊友协将两国民间的文化教育交流作为重要工作内容，在成立大会上将"在条件成熟时成立文化专门委员会"列作内部建设的重要内容，并由中国原文化部部长王蒙担任名誉会长，这一系列举措反映出该组织对两国文化交流合作事业的重视。[2]

中国伊朗两国友好协会自成立以来，定期召开年会，并于2010年开始每年在两国轮流举办。此外，两国友协还举办了两国关系研讨会、学术成果推介会以及庆祝两国建交40周年招待会等一系列活动，并多次互派代表团到访对方国家洽谈多领域的交流合作事宜。中伊两国友协为两国民间交流搭建了平台，很好地推动了中伊民间友好与互利合作。

在两国友好协会推动发展下的中伊多领域民间交流合作中，文化与教育问题一直备受两国友协关注。近年来，文化教育领域中的职业教育与青年文化成为了中伊两国友协交流合作的重要议题，形成了以两国民间组织推动两国高校交流合作的发展趋势。2018年9月，在德黑兰召开的第九届中伊友好协会年会首次将职业教育列为年会议题，并邀请两国多所高职院校参会，在专业建设、人才培养、师生交流等各个层面商议开展合作事宜，共同促进两国青年人的就业和创业技能，推动"一带一路"的建设发展。[3]

[1] 曼苏里. 在中国伊朗友好协会成立大会上的讲话 [J]. 回族研究，2009（1）：41.

[2] 马金宝. 中国伊朗友好协会成立大会综述 [J]. 回族研究，2009（1）：42-43+148.

[3] 武汉城市职业学院. 学校受邀赴德黑兰参加第九届中伊友协会年会 [EB/OL].（2018-09-14）[2022-2-16].
https://www.whcvc.edu.cn/2018/0914/c1404a31838/page.psp.

自此以后，职业教育成为了中伊两国友好协会年会的必设议题。2019 年 8月，在北京召开的第十届中伊友协年会暨中伊关系研讨会上，伊中友好协会青年委员会主任穆斯塔法·穆罕默迪强调青年在中伊交流中的重要地位，建议"建立文化之家，为两国青年人进行文化交流提供场所；指定三所大学，为青年之间的科学交流提供机会"。[1] 2020 年 11 月，面对新冠肺炎疫情的全球性挑战，中伊两国友协团结合作、共克时艰，以视频方式召开了第十一届中伊友协年会，再次强调并推进了两国青年与职业教育的交流合作，夯实了两国友好互利的民间社会基础。[2]

第二节 中伊文化教育交流的历史特征

中伊文化教育交流历史悠久，并在不同的历史阶段呈现出不同特征，既映照出两国历史命运的紧密相连，又为两国的未来发展提供借鉴。总体来说，与社会形态的历史发展阶段相对应，中伊文化教育交流大致可分三大阶段，即古代阶段、近代阶段与当代阶段，分别呈现出封建主义色彩、半殖民地半封建国家的革命色彩与全球化时代的多边主义色彩。

一、古代中伊文化教育交流是古丝绸之路的产物

古丝绸之路形成于西汉时期张骞出使西域之时，其路线起始于古都长安，途经中亚、西亚诸国，抵达地中海，以罗马为终点。这条以丝绸为主

---

[1] 国际在线. 第十届中伊友协年会暨中伊关系研讨会在北京召开 [EB/OL].（2019-08-14）[2022-02-16]. https://baijiahao.baidu.com/s?id=1641810324849003819&wfr=spider&for=pc.

[2] 中华人民共和国商务部. 第十一届中国伊朗两国友协年会在线举办 [EB/OL].（2020-11-30）[2022-01-16]. http://ir.mofcom.gov.cn/article/zxhz/202011/20201103019098.shtml.

要商品的贸易交往通道，不仅实现了沿线各民族的商贸交流，也成为连接东西方文明的重要道路。古伊朗（即波斯）在这条重要的商贸与文明之路上处于关键位置。伊朗南临波斯湾与阿拉伯海，是波斯文化的核心地带，无论是地理位置还是文化地位，都非常重要。

古丝绸之路的形成，让地处东亚的中国与地处西亚的伊朗在通信、交通都极不便利的古代时期便建立起了商贸关系。随着商贸关系的不断发展，两国之间的政治与文化以及教育交往也日益密切起来，并建立起了直接联系。可以说，如果没有古丝绸之路，古代中国与伊朗之间的文化教育交流就不会如历史所呈现出来的这般繁盛。在长达两千余年的交往中，中国与伊朗一直友好相处、相互信任、诚信亲善，为近代及当代交流奠定了坚实的历史基础。

二、近代中伊文化教育交流是改变半殖民地半封建社会性质的需要

中国近代史与伊朗近代史具有很多相似之处，同属半殖民地国家的中国在 19 世纪下半叶至 20 世纪初期亦被殖民主义与封建主义所侵蚀，实行政治、经济、文化、社会诸领域的现代化变革是新兴知识阶层与革命者的共识，其中就包括教育改革。这一时期，中国报纸与期刊对伊朗教育改革情况的介绍是两国文化教育交流的重要形式。中国近代知识阶层对伊朗教育给予特别关注，实际也是在为革除自身教育弊病寻找参照路径。具体而言，近代中国对伊朗文化教育的介绍具有以下特点。

（一）伊朗文化教育介绍是中国近代伊朗叙事的重要内容

这一时期中国对伊朗的认识，已不是古代丝绸之路上依托商品贸易产

生的想象，而是勾勒出了一个革命中的近代国家形象。中国报刊对近代伊朗的教育记述，是中国近代对伊朗认知的重要内容，包含着深刻的问题意识。

中国近代报刊引介伊朗近代教育情况是在中国的近代化进程中发生，是中国近代伊朗叙事的重要内容。清政府预备立宪的重要内容便是改革教育以启迪民智，培养能参政议政的国民。1907 年，中国最早的教育报刊《教育世界》对波斯教育进行了首次报道，主要介绍了波斯公办学校情况，并特别提及了波斯以培养外交官为目的的政治学校。这次报道对波斯教育情况的关注，是在中国正在进行的立宪运动之架构中进行的，即在近代政治制度建设的视野中关注国民教育问题。此后，中国近代各大教育报刊如《中华教育界》《教育杂志》等，都是在国家制度的层面上介绍伊朗教育情况，以近代学校数量、规模、结构、学制、毕业生去向等问题为核心。

（二）通过国家主义视野关注教育变革

这一时期中国引介伊朗教育情况的另一特点，是在国家主义视野中关注伊朗近代教育的变革情况。国家主义教育在中国发于清末，盛于民国，是近现代史上重要的教育思潮。1925 年国家教育协会的成立标志着国家主义教育思潮发展到高峰，协会会员除撰写《国家主义教育学》《国家主义的教育》等书籍外，还以《中华教育界》《教育杂志》《新教育》等刊物为阵地发表论文，宣扬国家主义教育观。这些刊物也是报道伊朗近代教育改革的重要媒介，报道者在评论伊朗教育情况时常在国家主义视野中进行。

国家主义教育的核心要义是以教育振奋民族精神，促进国家发展。法国社会学家斐叶在《国家教育学》中指出，教育的意义"一是为国家的进化之发展，有养成个人的牺牲心、爱国心之必要，尤以共和国如法国为然，欲养成此种精神，则教学上有置重于超利害关系的人文学科及哲学之必要，所以特别重视古典哲学；二是为国民的特质之发挥；三是为体质之注意"[1]。这种教育视野吸引当时中国教育界人士的注意，严复、章太炎、梁启超等人都对此有所介绍。后经民初留日、留欧人员的直接传播，到 20 世纪 20 年代，国家主义教育思潮在国内蔚然成风。1924 年，国家主义教育思潮核心人物陈启天担任《中华教育界》主编，对该刊进行了一系列改革，主张在国家主义视野下探讨研究教育问题，并提出三点新希望。

> "第一新希望是以教育的言论促进教育的改造，而形成中华民国立国的国魂。""第二新希望是以教育的言论，提醒目前中国混乱而无宗旨的教育不足救亡建国。""第三新希望是本杂志取材的范围不限于教材、教法与训育等，而于教育行政、学校行政、教育宗旨、教育政策等问题，亦酌加讨论，以求扩大教育家的眼光，不致过于狭隘，顾此失彼，或舍本逐末。"[2]

概言之，以《中华教育界》为主要宣传阵地，国家主义教育思潮强调：第一，教育应当具有民族性，能够增强受教者的民族意识；第二，教育应当促进国家的统一与独立，唤醒国民对国家的自觉；第三，教育还应当尊重个性，利于世界和平，要在自强之中兼善天下之事。[3]

在这一思潮影响下，《中华教育界》等刊物对伊朗教育改革情况的引介，同样带有国家主义教育观的印记。如报道伊朗中高等教育情况时，强调教育改革与国家独立发展之必然联系："其政府即认为如欲求国家经济政治之独立，必须着手培植各类专门人材，于是乃决计改革教育制度，积极兴办各级学校。"[4] 有关报道还特别关注伊朗的教育行政、学校行政等问题，

---

[1] 雷通群. 西洋教育史 [M]. 上海：商务印书馆，1935：201.

[2] 陈启天. 本志的新希望 [J]. 中华教育界，1924，14（1）：1.

[3] 喻永庆.《中华教育界》与民国时期教育改革 [D]. 武汉：华中师范大学，2011：115-116.

[4] 伊朗之中高等教育 [J]. 中华教育界，1937，24（7）：189.

如对伊朗在德黑兰成立的首所国立大学的学院划分、行政划分、专业设置、师资队伍等情况都有详细介绍，对伊朗的中等教育与初等教育也给予了同样的报道。[1]

（三）反映了对西方教育资源的矛盾态度

这一时期中国刊物引介伊朗教育改革情况的另一特点，是在西方教育资源的利用问题上呈现出两种截然不同的矛盾态度。中伊两国的近代史，是在西方强权者的侵略刺激下被迫开启的。两国教育的近代化改革，从某种程度上说也是在西方教育资源涌入本土，以及通过翻译、留学等方式从西方国家引介教育理念等因素的刺激下开展起来的。西方教育资源对于半殖民地国家而言，一方面是需要学习效仿的对象，另一方面也造成了半殖民地教育权的丧失。对于西方教育资源的双重性质，不同立场的中国教育改革者持不同态度，并反映在了对伊朗教育中的西方教育资源的评价上。

在中国对伊朗境内的外国教育势力进行正面报道，认为西方教育资源可以有效促进伊朗教育近代化的，以教会刊物为主。例如，《中华基督教教育季刊》曾刊文详细介绍了伊朗的基督教教会学校与伊朗政府的关系问题，指出伊朗政府对教会学校从反对到默许的态度转变，与该国政治制度、教育制度的近代化发展相关联，是伊朗逐渐开化、包容、进步的体现。[2]该刊意在通过宣扬基督的博爱精神促进中西教育交流，因此在介绍伊朗的基督教教会学校时站在了肯定其教育价值的立场上。

对于伊朗境内的外国教育势力持反对意见的中国报刊，则是受到了国家主义教育思潮的影响。《中华教育界》等刊物在评介伊朗境内的西方教育势力时，着重从国家教育权独立的角度进行了革命性批判。20世纪20年代，

---

[1] 波斯之教育改革 [J]. 中华教育界，1935，22（7）：170.

[2] 基督教教育与波斯政府 [J]. 中华基督教教育季刊，1929，5（1）：83-88.

美国曾因美国驻波斯副领事官被害，而向波斯政府索赔 11 万美金。事后美国政府却多次公开表示，波斯政府的这笔赔款将用于资助波斯学生赴美留学，以增进两国友谊。《中华教育界》与《教育杂志》等刊物对这起事件都予以了报道和批评。作为国家主义教育思潮主要宣传刊物的《中华教育界》与《教育杂志》，是非常反对外国教育势力干扰本国教育发展的。陈启天曾在《中华教育界》刊文强调，要"反对国人借重外人在华文化事业的趋势以免于无形中速亡覆国"，将外国教育势力在中国的影响上升到了会加速亡国的高度。对于伊朗进行的近代教育改革，国家主义教育者亦是从教育权独立的角度进行分析评价，指出"伊朗自从一九二一年政变之后，便感觉其国内各种专门人材之缺乏及借材异域之困难"[1]。

三、当代中伊文化教育交流顺应了两国发展的新要求

（一）具有政府、高校、民间多方位立体交流结构

当代中伊文化教育交流，以两国政府间的外交政策为导向，以高等院校为主要交流平台，由民间组织自发参与，在交流主体层面形成了政府、高校、民间多方位立体结构。中伊文化教育交流是国家外交政策在文化教育领域的体现。1970 年代，中伊恢复邦交往来之后，两国文化教育方面的交流随着政治关系的改变而逐渐升温。随着"一带一路"倡议的提出与实施，"一带一路"沿线国家成为中国新时期开展国际活动的重要伙伴。在"一带一路"倡议所带动的政治与经济发展辐射下，文化教育领域亦提出了更高的交流与合作要求。

---

[1] 伊朗之中高等教育 [J]. 中华教育界，1937，24（7）：189.

中伊两国的教育合作，一方面深受两国政治关系的影响，另一方面又体现出了独立于政治之外的自主发展特性。当代中伊教育交流，本质上是一种学术交流，具有专业化、学科化特点。作为交流合作的主要平台，中伊两国高校在探寻合作路径时，主要从自身及对方的学科发展优势出发，冀望通过合作进一步突显本校学科优势，增强自身的学术竞争力，扩大国际影响力。以高校为重要载体的中伊教育合作，实现了一种"超长板效应"，即合作共同体中的每个学校，在合作的各个学科领域，其教学、科研水平通过合作互动，实现跨越式发展。[1]

在当代中伊文化教育交流中，民间组织发挥了不可忽视的作用。中伊民间组织间的交流合作具有明显的"民间倾向"，即在高校学术性合作项目之外更加契合青年文化交流、职业技能培训、就业机会等更贴近民众生活的实际需求。两国之间的民间交流，与政府和高校相比，形式更为灵活，所涉领域更加广泛，面向的社会群体也更多样，能很好地打破政府与高校因自身权力结构、行政职能、学科特点等因素带来的交流局限，推动中伊文化教育交流朝着更加全面的方向发展。

（二）以两国人民的共同利益为重，发展平等、友好、互利关系

当代中伊两国的文化教育交流，延续和发展了两国自古以来建立的平等、友好、互利关系，在充分尊重彼此历史、社会、文化特点的基础上，求同存异、互利互惠。人民的文化利益和教育利益，是人民利益的两项重要内容。伴随经济的快速发展，人民群众对文化生活、教育条件提出了更高的要求。中伊文化教育交流在增进两国人民的文化教育利益方面起到了良好的促进作用。

---

[1] 陈昌贵，谢练高. 走进国际化 中外教育交流与合作研究 [M]. 广州：广东教育出版社，2010：23.

　　中国与伊朗都拥有个性鲜明的民族文化特色，通过电影、绘画、文学作品、歌舞等形式的交流互动，不仅增进了两国人民间的相互了解，也丰富了两国人民的文化生活。在文化交流活动中，两国都会筛选出能够很好体现本国特色的优秀作品呈现给对方，这也在一定程度上提升了观赏者的审美品位，并激发了文化产业创作者的创作热情与创造力。

　　中伊两国高校在学科发展、语言教育、师资交流等方面的合作，为参与合作项目的教师和学生提供了新的学习机会和深造方向。随着两国教育交流的纵深化及全面化发展，会有更多的高校师生成为合作的受益者。而中伊友好协会与伊中友好协会在职业技术教育领域所做出的共同努力，则为两国广大的职业院校学生提供了新的教育选择和就业可能。中伊两国的文化教育交流是在两国人民的支持和努力下进行的，而中伊两国文化教育交流所取得的所有成果又终将反哺两国人民。

第三节　中伊文化教育交流的思考

一、提升伊朗汉语教育质量，解决汉语教育难题

　　语言是交流合作的基础，随着中伊两国关系的日益密切，在政治与经济因素的驱动下，越来越多的伊朗人有了学习汉语的需求。2021 年 3 月同中国签署了 25 年全面合作协议之后，伊朗对汉语教育资源的需求进一步扩大。虽然伊朗政府、高校与民间机构都在努力扩大汉语教育的规模与范围，但是依旧存在教育资源无法满足教育需求的情况。解决这一难题可以从以下几方面着手。

（一）加强基础教育阶段汉语教学工作

伊朗目前的汉语教育机构主要有孔子学院、高校、民间机构，它们的受众群都是成年人，而中小学尚未开设汉语课程，这对汉语教育在伊朗的推广造成了一定的阻碍与困难。伊朗的官方语言为波斯语，是印欧语系的一支，汉语则属于汉藏语系，两种语言之间存在很大差异。汉语语法与波斯语相比，在语序、时态、句法结构等方面有很多差异。此外，汉语的书写方式也是伊朗人学习的一大难点。现代汉语与波斯语除了表意文字和表音文字的差异，还有书写顺序从左到右与从右到左的差异，以及笔画分明与字母连写的差异。如果能够在基础教育阶段便开设汉语课程，让汉语教师走进课堂，开发汉语教学材料和阅读物，推行汉语教育计划，增加中伊中小学生的文化交往活动，便可以帮助伊朗人从语言学习最佳时期的基础教育阶段就接受汉语教育，从而降低学习汉语的难度。

（二）扩大汉语教师队伍

师资匮乏是阻碍伊朗汉语教育推广普及的重要因素。伊朗有几所计划开设汉语专业的大学因为师资短缺而迟迟没有启动，已经开设汉语专业的大学也有的因为师资短缺而暂停招生。造成伊朗汉语教师人数不足的原因是多方面的，其中较为重要的两点是：第一，中国的对外汉语教师大多选择去欧美等发达地区从教，较少有人会去伊朗；第二，会说汉语的伊朗人大部分选择收入更高的商贸工作或汉语翻译工作，不愿选择收入较低的汉语教学工作。因此，若要壮大伊朗的汉语教师队伍，就中国方面而言，需要制定合理的政策制度，激励更多的中国对外汉语教师前往伊朗教学；也可以通过建立中伊两国语言教育合作项目或增加财政支出为伊朗本土汉语教师发放补贴，以激励更多的伊朗人从事汉语教学工作。

（三）研发本土化汉语教材

目前伊朗汉语教育在教材方面主要存在三大问题。一是教材数量不足。除了高校汉语系或孔子学院有一定数量的汉语教学资源，伊朗市场上很难找到汉语教材，无法满足有汉语学习意向的社会人士的学习诉求。二是伊朗常用的汉语教材主要是从中国引进的，注释一般都是英文，但是伊朗学生的英语水平参差不齐，对于很多学生而言，英语注释成为学习汉语的又一阻碍。三是伊朗作为一个民族与宗教特色十分鲜明的国家，其独特的文化与风俗习惯需要在语言教材中有所反映并被重视，但是伊朗从中国引进的汉语教材并没有特别的针对性，这也为伊朗人学习汉语带来了一定的困扰。因此，提升伊朗汉语教育质量，需要研发一批具有伊朗本土特色的汉语教材，以波斯语注释汉语，融入伊朗独特的文化与风俗习惯等内容，方便伊朗学生的学习。不过就目前的情况而言，有能力编写伊朗本土化汉语教材的教师甚为缺乏。如何解决伊朗本土化汉语教材问题，需要引起有关部门与专业人士的重视。[1]

二、深化中伊教育合作关系，增进两国人才交流

（一）扩大教育合作规模

随着"一带一路"倡议的落实，中伊两国以高校为重要平台，在人才培养、教师交流、学科建设、语言教育等领域展开合作，呈现出良好态势并取得了一定成果。但随着两国高校合作关系的不断深化，校际合作规模

---

[1] 何枫. 汉语国际传播视角下的伊朗汉语教学发展研究：第 14 届国际汉语教学学术研讨会论文集 [C]. 北京：中央民族大学出版社，2017：299.

的狭促性也逐渐暴露出来。与中国开展合作的伊朗高校集中于德黑兰与伊斯法罕两地，并且以德黑兰大学和伊斯法罕大学为主，无论是合作的地域还是合作的学校，都过于集中。事实上，伊朗高等教育机构具有多样化特征，有国立大学、私立大学、宗教院校、高等教育中心、远程开放大学等，高等教育机构的数量也很多，仅国立大学便有 130 所，但与中国开展合作项目的伊朗高校，数量却十分有限，主要集中在中国西部地区以及语言类大学。中伊两国高校未来的合作，可以打开地域与学校的局限，依据双方特色与需求寻找合作对象，在合作的地域与学校方面不断扩大规模。

中伊两国校际合作规模的局限还体现在学历层次上。目前两国的教育交流以高校为平台，集中在本科及研究生层次，重在联合培养青年人才。在未来的发展中，两国可以逐步建立、健全针对中小学生群体的交流合作机制，促进包括职业技术高中在内的中学校际交流合作，为两国文化交流与理解及更高层次的人才联合培养打下坚实的基础。

最后，两国教育合作规模的局限还体现在留学人数上。中伊两国留学生的主要目的地都是欧美等教育发达地区，都未将对方作为留学的首先之地，两国互派的留学生人数在各自留学生总人数中占比极小。2018 年，中国赴伊朗留学人数为 539 人 [1]，而同年中国出国留学总人数为 66.21 万人 [2]，赴伊留学人数只占留学总人数 0.08%。伊朗来华留学生人数在"一带一路"沿线国家来华留学人数中所占比例也较低。如要扩大两国间的留学生人数，一是需要提升自身教育的国际竞争力和吸引力，二是需要制定相应政策制度吸引和激励留学生前往深造。

---

[1] 阮红梅. 中伊高等教育合作研究 [D]. 大连：大连理工大学，2021：42.

[2] 中华人民共和国教育部. 2018 年度我国出国留学人员情况统计 [EB/OL].（2019-03-27）[2022-02-15].
http://www.moe.gov.cn/jyb_xwfb/gzdt_gzdt/s5987/201903/t20190327_375704.html.

（二）丰富教育合作形式

中伊两国目前进行的教育合作形式，主要以互换学生、互换教师、联合学科建设、开展语言教育等形式为主。虽然在具体合作中有高校强调从本校的学科特色出发，加强优势学科建设，但是在实际的合作协议制定与合作内容的开展中，双方都缺少对对方以及自身优势学科的系统化认识，缺少对具有针对性的合作事项的内容界定。因此，在两国未来更为深入、全面的教育合作中，需要丰富并优化合作形式，摆脱模式化的束缚，要系统、深入且具体地分析双方的优势与劣势，根据不同院校的不同特点，通过强强联合或以强扶弱，实现两国教育合作的长远发展。

（三）加快教育合作进程

加快中伊两国教育合作进程，需从两方面入手，一是加快两国高校间已有合作项目的进程，二是加快两国合作办学的进程。中伊两国高校间已有的合作项目，大多数停留在签订合作协议或达到合作意向阶段，协议或意向中的具体实施内容尚未落实，更未取得实质性的合作进展。因此，在中伊两国下一阶段的教育合作中，如何在合作协议所涉及的人才培养、人才交流、教师互动、学科发展、语言教学等领域开展实质性合作，将合作意向付诸合作实践，是促进两国教育合作纵深化发展所需解决的重要问题。

此外，中伊两国合作办学的进展速度也有待提升。除两所孔子学院外，两国合作办学的实际进展情况仍为空白。两国具有合作关系的高校之间并未形成实质性的合作办学机制，只是初步制定了宏观层面的原则规定，未能建立可供实际操作的组织机制。中伊两国都有开展国际合作办学的丰富经验，在两国未来的交流发展中，充分利用已有经验，并根据两国间的实际需求对已有经验加以改造和利用，建立起富有特色的、具有针对性的，并切实可行的联合办学机制，对深化两国教育合作至关重要。

（四）建立教育合作质量监督与反馈机制

随着中伊两国教育合作的纵深化发展，建立一个能够获得双方认可的教育质量保障体系，将直接影响两国教育合作的规模与进程。一个完善的教育质量保障体系，需要通过相应的法律法规、组织机构、制度规范协调多方面因素，以实现教育质量的及时监督与反馈。中伊双方已经意识到建立双边教育质量保障机制对促进两国教育合作的重要意义，但是如何将理念落实到实践，如何协调两国在教育管理行政职能划分上的差异，实现双方教育保障机制的顺利对接，仍然存在较大挑战。而建立一个完善的教育合作质量监督与反馈机制，需要中伊两国的共同努力。

建立一个完善的教育合作质量监督与反馈机制，首先需要中伊双方了解两国的共性与差异性，然后在求同存异的原则下利用共性，理解差异，协调矛盾。中伊双方教育质量监管机构均以政府部门为主导：伊朗教育质量监督由政府主导进行，由科学、研究和技术部对伊朗境内的教育机构进行监督，下设教育监督与评估委员会，负责伊朗教育机构的质量保证和认证；中国教育质量保障体系同样以政府为主导，以社会为中介。中伊两国在共建教育合作质量监督与反馈机制时，如何让双方质量保障部门厘清职能权限，建立新型合作关系框架是一个需要长期探索的问题。[1]

---

[1] 阮红梅. 中伊高等教育合作研究 [D]. 大连：大连理工大学，2021：46-47.

结　语

　　伊朗 20 世纪的教育历史清楚地表明伊朗教育进展缓慢，具体而言：初等教育主要限于城市人口；中等教育只惠及部分学生；高等教育培养目的单一，主要培养行政人员而非科学探究人才；职业教育处理的大多是与现代化工业发展需求无关的事情；好的教师培训计划仍有待开发。这一时期的伊朗教育发展也基本没有政策扶持和国外支持。

　　伊朗的现代化转型和伴随而来的教育改革促使伊朗社会发生了转变。根据伊朗目前的社会条件基础，制定长期、全面的社会经济发展规划，科学合理地利用自然资源，从而改善所有伊朗人的生活，是伊朗政府的当务之急。教育发展必须与社会经济发展规划相协调，而制定发展规划需要进行人口研究，分析国家发展的潜在优势。发展规划应由一个由各分领域科学家组成的中央科学研究部门牵头，由熟悉波斯文化和西方文明的专家做领导。即使发展规划不能立即在伊朗颁布并实施，但也肯定能吸引不少伊朗籍科学家和诸多大学生，虽然他们中很多人现在旅居西欧和美洲。

　　在一个有 2 000 万低于 15 岁年龄人口的国家，发起这样的社会经济发展规划需要健全的教育做支撑。教育机构必须利用一切媒体传播知识，特别是利用广播、戏剧、电影和电视。这些媒体可以振兴当地文化，因为它们是老百姓熟悉的文化，而不是外来文明。这样，通过多方面合作，城市、农村和部落民族将建立更密切的文化联系。

　　现在的伊朗，在基础教育方面，应努力为所有 13 岁以下的儿童提供良

196

好的教育。作为未来的公民，他们将通过维持幸福的家庭生活和参加地方、国家甚至国际活动来丰富自己和社会。初等教育应重视波斯语、古典文学、健康习惯、艺术、公民、文化史、世界人民、初等数学和自然科学课程，必须以学生直接经验和感官活动为基础。承担这一艰巨的教育任务的教师可以从高中毕业生中招聘。

13岁以上青年的教育应与农业、商业和工业一起成为国家经济发展规划的组成部分。与产业密切结合的教育将主导伊朗经济的过渡时期。此外，还应提供各种在职培训和夜校的理论课程，在训练有素的企业主管带领下，技术人员将成为此类教育的教员。这种类型的教育主要任务是协调教育培训和产业发展，教育方法是学徒培训和实习实训。演艺场、工作坊和康乐中心也会作为学校教室之外的第二课堂。

高等教育的学习必须从人文主义、科学方法论和各种社会科学特别是社会学开始。教学工作、课程学习必须与科学研究保持一致，要让科学研究方法成为教学和学习的方法之一。大学的主要目标是科研和对各个未知领域的探究，医学、工程和化学等学科更应该优先发展。

除了正规的学校教育和高等教育外，建立一个真正的国家科学研究院，使科学家和科研精神在社会价值观等级中得到最高的认可。

当然，道德教育在现实生活中是必需的。随着文明素养的提高，人们将以更多方式来学习精神和价值观的内容。在未来，伊朗的学校教育也应增加人文主义精神和伊朗传统哲学的学习。

参考文献

一、中文文献

奥希梯扬尼. 伊朗通史 [M]. 叶奕良，译. 北京：经济日报出版社，1997.

贝达棣. 伊朗 [M]. 北京：商务印书馆，1974.

彼得洛夫. 伊朗 [M]. 郑敏雅，译. 北京：商务印书馆，1963.

国家信息中心"一带一路"大数据中心. "一带一路"大数据报告（2017）[M]. 北京：商务印书馆，2017.

哈全安. 伊朗通史 [M]. 上海：上海社会科学院出版社，2020.

贺国庆，朱文富，等. 外国职业教育通史 [M]. 北京：人民教育出版社，2014.

黄雅婷. 塔吉克斯坦文化教育研究 [M]. 北京：外语教学与研究出版社，2021.

冀开运，邢文海. 伊朗史话 [M]. 北京：中国书籍出版社，2020.

教育部课题组. 深入学习习近平关于教育的重要论述 [M]. 北京：人民出版社，2019.

卡图简，沙希迪. 21 世纪的伊朗 [M]. 李凤，袁敬娜，何克勇，译. 南京：江苏人民出版社，2014.

劳费尔. 中国伊朗编 [M]. 林筠因, 译. 北京: 商务印书馆, 2015.

李洪峰, 崔璨. 塞内加尔文化教育研究 [M]. 北京: 外语教学与研究出版社, 2021.

李建求. "一带一路"沿线国家职业教育概览 [M]. 北京: 商务印书馆, 2018.

李铁匠. 古代伊朗文化史 [M]. 苏州: 苏州大学出版社, 2003.

刘辰, 孟炳君. 阿联酋文化教育研究 [M]. 北京: 外语教学与研究出版社, 2021.

刘迪南, 黄莹. 蒙古国文化教育研究 [M]. 北京: 外语教学与研究出版社, 2021.

刘慧. 当代伊朗社会与文化 [M]. 上海: 上海外语教育出版社, 2007.

刘捷. 教育的追问与求索 [M]. 北京: 人民出版社, 2021.

刘捷. 专业化: 挑战 21 世纪的教师 [M]. 北京: 教育科学出版社, 2002.

刘进, 张志强, 孔繁盛. "一带一路"高等教育研究（2019）: 国际化展望 [M]. 北京: 北京理工大学出版社, 2020.

刘生全. 教育成层研究 [M]. 北京: 教育科学出版社, 2011.

刘欣路, 董琦. 约旦文化教育研究 [M]. 北京: 外语教学与研究出版社, 2021.

卢晓中. 比较教育学 [M]. 北京: 人民教育出版社, 2020.

陆瑾, 张立明. 伊朗: 东西方文明的结合点 [M]. 香港: 香港城市大学出版社, 2011.

陆有铨. 教育的哲思与审视 [M]. 北京: 人民教育出版社, 2016.

罗斯托夫斯基. 现代世界史: 一九一八到一九三九年时期的伊朗 [M]. 中国人民大学世界通史教研室, 译. 北京: 中国人民大学, 1954.

马赫德维. 伊朗外交四百五十年 [M]. 元文琪, 译. 北京: 商务印书馆, 1982.

玛扎海里. 丝绸之路：中国—波斯文化交流史 [M]. 耿昇，译. 北京：中国藏学出版社，2013.

秦惠民，王名扬. 高等教育与家庭流动 [M]. 北京：科学出版社，2019.

秦惠民. 教育法治与大学治理 [M]. 北京：人民出版社，2021.

任钟印. 东西方教育的覃思 [M]. 北京：人民教育出版社，2017.

萨法. 伊朗文化及其对世界的影响 [M]. 张鸿年，译. 北京：商务印书馆，2011.

石筠弢. 学前教育课程论 [M]. 2 版. 北京：北京师范大学出版社，2014.

孙有中. 跨文化研究论丛 [M]. 北京：外语教学与研究出版社，2019.

滕大春. 教育史研究与教育规律探索 [M]. 北京：人民教育出版社，2019.

田端惠. 走进伊朗 [M]. 北京：当代世界出版社，2017.

王承绪，顾明远. 比较教育 [M]. 5 版. 北京：人民教育出版社，2015.

王定华，秦惠民. 北外教育评论：第 2 辑 [M]. 北京：外语教学与研究出版社，2021.

王定华，杨丹. 人类命运的回响：中国共产党外语教育 100 年 [M]. 北京：外语教学与研究出版社，2021.

王定华. 教育路上行与思 [M]. 北京：人民出版社，2020.

王定华. 美国高等教育：观察与研究 [M]. 2 版. 北京：人民教育出版社，2021.

王定华. 美国基础教育：观察与研究 [M]. 2 版. 北京：人民教育出版社，2021.

王定华. 新时代高品质学校建设方略 [M]. 长春：东北师范大学出版社，2019.

王定华. 中国基础教育：观察与研究 [M]. 北京：人民教育出版社，2021.

王定华. 中国教师教育：观察与研究 [M]. 北京：人民教育出版社，2020.

王锋，王丽莹. 伊朗教育制度与政策研究 [M]. 北京：人民出版社，2020.

王新中，冀开运. 中东国家通史：伊朗卷 [M]. 北京：商务印书馆，2002.

徐辉，武学超. 世界教育领域应对国际金融危机的经验与策略研究 [M]. 北京：人民教育出版社，2016.

徐辉，辛治洋. 现代外国教育思潮研究 [M]. 北京：人民教育出版社，2008.

徐辉. 国际教育初探——比较教育的新进展 [M]. 2 版. 成都：四川教育出版社，2005.

伊凡诺夫. 伊朗史纲 [M]. 李希泌，等，译. 北京：生活·读书·新知三联书店，1973.

张铁伟. 伊朗 [M]. 北京：社会科学文献出版社，2005.

二、英文文献

ABDOLMOHAMMADI P. Contemporary domestic and foreign policies of Iran [M]. Cham: Palgrave Macmillan, 2020.

ALAVI S A. Iran and Palestine: past, present, future[M]. New York: Routledge, 2020.

ANSARI A M. Modern Iran since 1797: reform and revolution[M]. London: Routledge, 2019.

BORJIAN M. English in post-revolutionary Iran[M]. Bristol: Multilingual Matters, 2013.

CHOWDHURY R. Transformation and empowerment through education: reconstructing our relationship with education[M]. New York: Routledge, 2019.

CRONIN S. Social histories of Iran: modernism and marginality in the Middle East[M]. New York: Cambridge University Press, 2021.

GÄRTNER H, SHAHMORADI M. Iran in the international system: between great powers and great ideas[M]. New York: Routledge, 2020.

GHAZVINIAN J. America and Iran: a history, 1720 to the present[M]. New York: Alfred A. Knopf, 2021.